Indice

1

La secretaria y la oficina

El papel de la secretaria se ha revalorizado enormemente en los últimos tiempos y, hoy en día, se la considera como parte integrante y esencial del equipo de gestión y dirección de la empresa u organismo donde presta sus servicios.

La secretaria, para ser eficaz en su trabajo, debe poseer a la vez ciertas dotes personales y una sólida preparación profesional. Entre las primeras se cuentan capacidad de organización y trabajo, discreción, cortesía, tacto, intuición, entusiasmo, iniciativa, precisión y buena memoria. Profesionalmente debe dominar la taquigrafía y la mecanografía; poseer buenos conocimientos de gramática, ortografía, contabilidad e idiomas; estar familiarizada con las técnicas de clasificación, registro y archivo y con el manejo de las máquinas y aparatos de oficina; y finalmente tener ideas claras sobre la organización y funcionamiento de la empresa.

Un día normal de trabajo de la secretaria puede comprender las siguientes tareas: al llegar a la oficina por la mañana abre, clasifica y distribuye el correo. Estos tres apartados significan que, después de abrir los sobres, debe comprobar que todo está en orden, es decir, que todas las cartas llevan fecha, nombre y dirección del remitente y de que los anexos que se mencionan están realmente incluidos. Después clasifica las cartas de acuerdo con el asunto, cliente, compañía, organismo, etc. y las registra en el libro de entrada de correspondencia. Finalmente la distribución supone el envío de cada carta al departamento que corresponda, separar aquéllas que ella pueda atender personalmente y pasar al jefe aquellas otras que, a su juicio, precisen la atención directa de él.

Cuando el jefe llega a la oficina, debe encontrar sobre la mesa toda su correspondencia debidamente ordenada y con información adicional que le ayude a una rápida comprensión del contenido de las cartas.

El jefe llama a la secretaria a través del interfono o teléfono interior para despachar con ella los diversos asuntos del día. Para entonces la secretaria debe tener a punto sus principales elementos de trabajo, tales como lápices bien afilados, bolígrafo, bloc o cuaderno de taquigrafía y las agendas personal y de visitas. El jefe

4

Español
para oficinas

Spanish
in the office

J. Bray B.A., B.Phil., F.R.S.A.
M. Gómez-Sánchez Lic. Fil. y Letras

Longman

Introduction

Español para oficinas has been devised for people who have already acquired a knowledge of Spanish and now wish to use the language in a business context. In a book this size it is not possible to make detailed studies of the specialised jargon of specific trades, or the dialectic variations of Latin America. However, it will serve as a very useful introduction to the Spanish employed in formal business correspondence, not only in peninsular Spain but throughout the Spanish-speaking world.

The book is divided into six sections. The first section is a general introduction to various aspects of business life in Spain. Section two deals with the layout and style of Spanish business correspondence while section three consists of a series of different types of letter together with exercises on each type. Section four contains information of value in composing and typing letters and the fifth section contains mainly statistical material about Spain and Latin America. Finally, there is a two-way vocabulary which will help in understanding the text as a whole and in tackling the exercises which appear in section three.

J. Bray
M. Gómez-Sánchez

In the same series
French in the office
German in the office

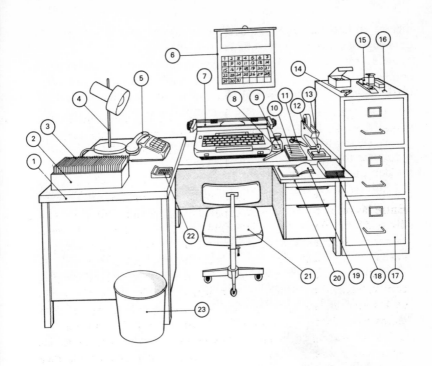

Vocabulario

1. La mesa escritorio
2. El fichero
3. La ficha
4. La lámpara de mesa
5. El teléfono
6. El almanaque
7. La máquina de escribir
8. El 'tippex'
9. El bolígrafo
10. La agenda
11. Las tijeras
12. El papel celo o la cinta adhesiva
13. El sello
14. El sujetapapeles
15. La grapadora o la máquina de grapar
16. La grapa
17. El archivo vertical
18. El diccionario
19. El cuaderno o bloc de taquigrafía
20. La mesa de taquigrafía
21. La silla regulable
22. La calculadora o máquina de calcular
23. El cesto de los papeles

dictará probablemente la respuesta a las cartas que acaba de leer o dará algunas órdenes relacionadas con ellas.

La secretaria debe recordar al jefe los asuntos pendientes, compromisos, visitas, reuniones, llamadas telefónicas, etc. que van a dar forma a su día de trabajo, tomar nota cuidadosa de las instrucciones dadas por el jefe y cumplirlas o cuidar de que se cumplan en los plazos señalados.

Las cartas urgentes y reservadas puede mecanografiarlas la secretaria misma; las circulares y la correspondencia no urgente pueden quedar a cargo de una mecanógrafa.

También debe ocuparse de reponer a su debido tiempo los elementos de trabajo necesarios: papel y sobres con membrete, papel copia, impresos, cintas para el magnetofón, clichés de multicopista, papel para la máquina fotocopiadora, etc. Cuando las cartas están listas para la firma, la secretaria las pasa personalmente al jefe o las coloca en la carpeta de firmas hasta el momento oportuno. Una vez firmadas ha de comprobar que las cartas están fechadas, tienen las referencias de identificación propias y las indicaciones adecuadas, tales como 'urgente', 'reservada', 'personal', etc., que los anexos se acompañan realmente y que las direcciones del sobre y de la carta coinciden. Después de hechas estas comprobaciones, pliega las cartas cuidando de que la dirección quede en la posición precisa para que sea visible a través de la ventana del sobre si la hay, las introduce en los sobres respectivos, las franquea y las expide sin olvidarse de archivar las copias. Todos los documentos, es decir, cartas recibidas, copias de las enviadas, folletos de interés, circulares, recibos o facturas, recortes de periódicos, anuncios, justificantes, formularios, etc. se archivan y clasifican por orden alfabético o numérico.

Una de las más importantes misiones de la secretaria es la de atender al teléfono y a las visitas. Su misión es la de servir de filtro para saber, con sumo tacto, dirigir la llamada o visita al departamento correspondiente o atenderlas ella misma tratando de no interrumpir constante e innecesariamente a su jefe. Cuando sea preciso que el jefe atienda la llamada o visita personalmente, la secretaria tiene que usar su discreción para calibrar la importancia del comunicante o visitante y de los motivos para acomodarlos al tiempo disponible del jefe.

Finalmente la secretaria ha de cuidar de las reuniones y viajes del jefe. En cuanto a las reuniones debe asegurarse de la convocatoria, lugar, fecha, horario y orden del día y si actúa de secretaria del presidente tiene también que hacer la lista de asistentes, incluyendo las ausencias y sus motivos, preparar los documentos a entregar a los participantes y el material complementario que se precise como informes, gráficos, folletos, carpetas, papel, etc., y supervisar que la sala de reunión esté bien acondicionada y provista de los elementos necesarios para el tipo de reunión de que se trate.

Si el jefe tiene que viajar, la secretaria se encarga de hacer las reservas de plaza en tren o avión y de habitación en el hotel y, si el jefe va a ir en coche, siempre es una buena idea enterarse del itinerario y comprobar el estado de las carreteras además de preparar los documentos, planos de la ciudad, catálogos, etc. que el jefe necesitará durante el viaje.

Cuando la secretaria cuida todos estos detalles, posee las dotes indicadas anteriormente y tiene deseos de mejorar constantemente en su trabajo, será considerada como una buena secretaria y, sobre todo, sus tareas cotidianas le reportarán la satisfacción del trabajo bien hecho.

La empresa y el personal

Todos los empleados de una empresa u organismo oficial reciben una remuneración por su trabajo llamada sueldo o paga. El período de pago suele ser el mes, pero en el caso de trabajos de temporada en la agricultura y en ciertas industrias y servicios, se puede efectuar el pago diariamente y así se habla del jornal que el patrono paga al obrero. También se puede pagar semanalmente, o por meses, y entonces se habla de salario semanal o mensual. La suma de las pagas mensuales a lo largo del año se conoce con el nombre de sueldo anual.

La paga mensual o el salario semanal se pueden pagar directamente al empleado en un sobre donde se especifican las cantidades correspondientes al sueldo base más las primas de producción, pluses, horas extraordinarias, etc., o puede ser girado o transferido a una cuenta bancaria, cuenta o libreta de ahorros. Las cotizaciones o cuotas de la Seguridad Social se deducen del sueldo base. Los impuestos se descuentan del sueldo bruto y después de todos estos descuentos y adiciones queda el sueldo neto que es la cantidad que en realidad recibe el empleado.

La naturaleza del trabajo es naturalmente de primordial consideración, pero en la actualidad se da también una gran importancia al ambiente que reina en la empresa o lugar de trabajo. El bienestar y la comodidad del trabajador repercuten directamente no sólo en la producción sino también en el grado de satisfacción de un trabajador en su empleo.

Cuando un trabajador se encuentra sin trabajo se dice que está desempleado o en paro forzoso. Las cifras de paro se suelen dar en números absolutos y en porcentajes sobre el total de la mano de obra del país.

Muchos trabajadores gozan en la actualidad de un buen número de ventajas directamente relacionadas con su empleo: cantinas o comedores, donde se puede comer a bajo precio gracias a las subvenciones de la empresa; economatos, donde se exponen para venta exclusiva a los trabajadores de la empresa y sus familias una gama amplia de mercancías; semana de trabajo de cinco días en la mayoría de las empresas (los organismos o compañías que dejan libre el sábado a sus empleados se dice que hacen 'semana inglesa'); tres o cuatro semanas de vacaciones anuales con paga; horas extraordinarias pagadas a una tasa más alta que las horas de trabajo normal que son generalmente ocho al día; dos pagas extraordinarias al año, una en julio y otra en Navidad; primas de producción, ayuda familiar, etc. Algunas grandes empresas facilitan a sus empleados la organización de sus vacaciones en residencias de verano en el mar o la montaña; otras empresas patrocinan clubs deportivos, excursiones, visitas turísticas, etc. para disfrute de sus empleados.

En España la jornada de trabajo suele comenzar a las nueve de la mañana, se interrumpe a la hora del almuerzo, generalmente entre la una o las dos y las tres o las cuatro de la tarde. Una vez reanudada la jornada ésta se prolonga hasta las seis o las siete de la tarde. Algunas empresas tienen establecida la jornada intensiva y entonces se suele entrar al trabajo a las ocho de la mañana y se continúa prácticamente sin interrupción hasta la hora de salida. Durante el verano muchas empresas, principalmente oficinas, establecen este tipo de jornada intensiva. Casi todos los organismos oficiales tienen horas determinadas para atender al público, por ejemplo de 11 a 1, y por ello es conveniente enterarse de este horario antes de iniciar un desplazamiento. La flexibilidad de ciertos horarios y unos sueldos no siempre suficientes han dado lugar al pluriempleo. Se dice que una persona está pluriempleada cuando presta sus servicios en dos (¡y a veces tres o más!) lugares y organismos distintos.

En determinados empleos existen mejores oportunidades de ascenso o de recibir subidas o aumentos de sueldo. Ambas fórmulas se deben utilizar como incentivos para premiar la dedicación de los empleados más trabajadores y conscientes.

Los trabajadores eligen a algunos de sus colegas como representantes sindicales de la fuerza laboral ante la empresa. Ellos serán los portavoces de las reivindicaciones laborales, representarán a los trabajadores en la discusión de los convenios colectivos y estudiarán junto con la dirección la aplicación del reglamento interno de la empresa y otros asuntos relativos a las relaciones laborales y la marcha de la empresa.

Las máquinas de la oficina

El teclado español adopta la siguiente disposición:

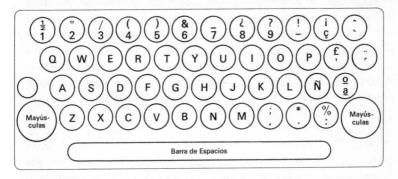

El teclado de las máquinas de escribir usado en España varía muy poco de las máquinas de escribir inglesas. Todas las letras y números están en las mismas posiciones y la única diferencia es la adición de una letra que no existe en inglés, la 'ñ', que generalmente se encuentra junto a la 'l', en el lugar que en Inglaterra es ocupado por algún signo o signos de puntuación. Además, en muchas máquinas se encuentran los signos 'º' y 'ª' utilizados en tales casos como 'lº' (primero).

Los signos de puntuación varían bastante en cuanto a su colocación en el teclado por no existir un tipo único determinante de la posición que cada uno debe ocupar. Los distintos fabricantes adoptan modelos diferentes. Sin embargo, los acentos se suelen colocar al final de la parte derecha del teclado en lo que se llaman 'teclas muertas', las cuales, al pulsarlas, no hacen correr el carro un espacio como todas las demás. Se ha de indicar la existencia de dos signos peculiares del idioma español, los de comienzo de frase interrogativa (¿) y exclamativa (¡). Aunque el único acento usado en español es éste (´), el teclado de las máquinas españolas presenta los acentos (`) y (^) además de la letra 'ç' que aunque no existe en castellano sí que se presenta en otras lenguas peninsulares. La letra 'w', aunque se incluye en el teclado de las máquinas de escribir españolas, no existe en el alfabeto español.

La velocidad en mecanografía se calcula en pulsaciones por minuto. En taquigrafía la velocidad viene dada en palabras por minuto.

La multicopista, para la reproducción en número considerable de documentos, circulares, informes, etc., requiere primero la confección de la matriz o cliché y después la tirada de un número determinado de copias.

Todas las máquinas necesitan ciertos cuidados para su mantenimiento y conservación como, por ejemplo, mantenerlas cubiertas para evitar el polvo y cambiar las cintas antes de que están muy desgastadas; los cuidados más especializados están a cargo de personal mecánico capacitado.

El télex

El télex es un método de transmisión de mensajes rápido y sumamente eficaz al permitir la comunicación directa entre abonados corresponsales con la ventaja sobre el teléfono de que ofrece un registro escrito de los textos de los mensajes intercambiados. Por medio del teleimpresor se pueden también cursar telegramas destinados a compañías o personas, dentro del país o en el extranjero, aunque éstas no sean abonados del servicio télex.

Como con todas las máquinas, el aparato de télex precisa de una técnica y normas especiales para su manejo y éstas últimas varían ligeramente según el país de destino del mensaje, según haya establecido o no servicio automático y según la red. La técnica es distinta según la transmisión se vaya a hacer manualmente o por medio de una cinta perforada para transmisión automática.

Las abreviaturas usadas en el servicio de télex son las siguientes:

ABS – Abonado ausente
BK – Interrumpa la transmisión
CFM – Confirme
COL – Repita las palabras dudosas
CRV – ¿Cómo recibe Vd.?
DER – Avería
EEE – Error
GA – Puede continuar
MNS – Minutos
MOM – Espere un momento
NC – Ningún circuito libre
NP – El solicitado ya no es-abonado
OCC – Abonado ocupado comunicando
OK – Conforme
QOK – ¿Está conforme?
R – Recibido
RAP – Volveré a llamar
RPT – Repita
NA – Número de posición equivocado
SVP – Por favor
THRU – Conexión establecida

Los códigos de identificación de cada país, así como la abreviatura de tres letras usada para cada uno de ellos y los prefijos y tasas aplicables se encuentran en la *Guía* que acompaña a cada aparato de télex.

Las operaciones a realizar para el manejo del télex en llamadas a abonados de la red nacional se pueden sintetizar como sigue:

Se pulsa primero el botón de llamada del telemando y entonces aparecerá la señal GA (Siga) en el teleimpresor. Inmediatamente se pulsa la tecla *cifras* y se marcan con las teclas las cinco cifras del abonado a que se destina la comunicación, a continuación se recibe la indicación de hora y minutos. No es necesario en este momento pedir el indicativo del abonado corresponsal puesto que éste se recibirá de modo automático y, una vez recibido, se transmite el indicativo propio y se inicia la transmisión del mensaje.

Las llamadas a países europeos con comunicación automática varían algo del procedimiento anterior principalmente en el sentido de que después de aparecer la señal GA (Siga) en el teleimpresor se debe marcar el prefijo correspondiente al país de destino y esperar a recibir la señal INTLX antes de continuar con la operación.

Las llamadas internacionales a países con los que no hay comunicación automática siguen generalmente la siguiente secuencia:

Se pulsa el botón de llamada y aparecerá la señal GA, entonces se pulsa la tecla de cambio a cifras y se marcan las tres cifras correspondientes al país que se desea y se ha de esperar a recibir el indicativo del operador de Madrid. Cuando éste se recibe, se marca el indicativo propio y se hace la petición de comunicación: SVP (por favor)... (País)... (Número) +? (Cruz e interrogación). Entonces se recibirá la señal MOM (Espere un momento) y poco después se recibe el indicativo del abonado corresponsal, entonces se pulsa la tecla de respuesta automática y se inicia la transmisión.

El teléfono

La rapidez y facilidad con que el teléfono nos pone en comunicación con un cliente, un familiar o un amigo, la policía, los bomberos o el médico, lo hacen un elemento indispensable de la vida moderna al permitirnos concluir en unos minutos asuntos o acuerdos y suprimir la necesidad de reuniones y desplazamientos. En la vida privada solemos utilizar el teléfono para hacer encargos, invitaciones, saber de amigos y familiares o consultar datos.

La utilización del aparato telefónico no puede ser más sencilla. Para hallar el número de teléfono de un abonado se consulta la guía telefónica donde los abonados están clasificados geográficamente por poblaciones y dentro de cada población por orden alfabético. Hay una guía distinta para cada provincia que siempre comienza con los abonados de la capital de dicha provincia y continúa con las distintas poblaciones de aquella provincia ordenadas alfabéticamente. Una vez que se ha encontrado la población donde vive el abonado o donde la empresa o compañía tiene su domicilio social, los nombres de los abonados aparecen por el orden alfabético dado por su *primer* apellido seguidos de la dirección y número de teléfono.

En España los números de teléfono automático constan de siete cifras en las provincias de Madrid, Barcelona, Valencia y Vizcaya (por ejemplo 448 16 04) y de seis cifras en el resto del país (por

ejemplo 27 91 66), aunque puede que en un próximo futuro otras provincias de gran densidad telefónica pasen a tener también siete cifras.

El *número nacional*, que siempre consta de nueve cifras, está formado por el número del abonado al que se antepone el *código territorial*, distinto para cada provincia; así por ejemplo un abonado de Madrid tendrá el siguiente número nacional 91 448 16 04; uno de Granada tendrá el 958 27 91 66. En ambos, 91 y 958 son los códigos territoriales. Todos los códigos territoriales comienzan por un 9 (llamado prefijo de acceso interurbano) seguido del llamado indicativo provincial (1 para Madrid, 3 para Barcelona, 58 para Granada, 25 para Toledo, etc.).

Cuando después de consultar la guía se conoce con exactitud el número con el que se desea comunicar, se descuelga el auricular y se espera tono. El tono es una señal acústica continua que una vez recibida nos indica que se puede marcar. Las cifras del número se marcan haciendo girar el disco hacia la derecha hasta el tope. Al terminar de marcar se recibirá la señal de llamada, un zumbido largo interrumpido que se repite con regularidad, y cuando alguien coge el teléfono al que se está llamando y dice *Dígame o Diga*, entonces se ha establecido la comunicación. Sin embargo se debe colgar y esperar unos minutos antes de repetir la llamada si nadie contesta al teléfono o si éste está comunicando, en cuyo último caso se oirá un zumbido corto interrumpido que se repite regularmente. También se puede telefonear desde una cabina telefónica pública. Estos teléfonos públicos se encuentran en las calles o lugares donde normalmente se concentra público, como estaciones de ferrocarril, de autobuses, bares, etc. En algunas ciudades y pueblos existen locutorios de la Compañía Telefónica a donde se puede acudir para poner una conferencia interurbana o internacional.

Si se utiliza un teléfono público se han de poner monedas en la ranura correspondiente después de descolgar el auricular y antes de marcar. Si la comunicación no se establece las monedas se recuperan al colgar. Si después de hablar sobran algunas monedas éstas se recuperan en el momento de colgar el auricular. Desde una cabina telefónica se pueden hacer llamadas locales o urbanas, interurbanas e internacionales.

El servicio telefónico español es automático en la mayor parte del país, pero existe también el sistema semiautomático. Con este sistema no se puede marcar directamente y cualquier comunicación ha de establecerse a través de la operadora o telefonista del centro manual. El número de un teléfono semiautomático consta de cuatro cifras o menos.

Las llamadas telefónicas que se hacen desde un teléfono se registran en un contador situado en la Central de Teléfonos que registra 'pasos' correspondientes a las comunicaciones automáticas urbanas, interurbanas o internacionales que llegan a completarse. En las llamadas urbanas el contador registra un paso cada tres minutos o fracción. En las conferencias automáticas interurbanas, el contador registra mayor número de pasos de acuerdo con las distancias en el mismo período de tiempo. En llamadas internacionales automáticas se registran 15 pasos al establecerse la comunicación con países tales como Francia, Portugal, Marruecos y Suiza, y 25 pasos para Alemania, Inglaterra y el resto de Europa, además de un cierto número de pasos por cada segundo de comunicación. El valor en dinero del 'paso' determina el coste de una llamada.

El recibo o factura del teléfono lo envía la Compañía Telefónica a sus abonados cada dos meses. Los primeros cien pasos de contador son gratuitos para teléfonos particulares.

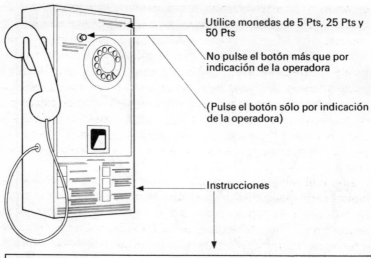

Utilice monedas de 5 Pts, 25 Pts y 50 Pts

No pulse el botón más que por indicación de la operadora

(Pulse el botón sólo por indicación de la operadora)

Instrucciones

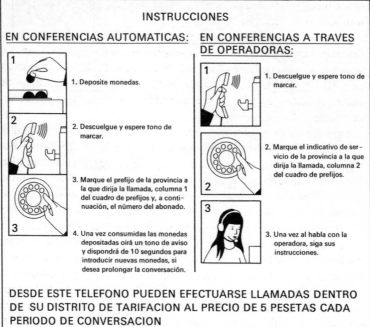

INSTRUCCIONES

EN CONFERENCIAS AUTOMATICAS:

1
1. Deposite monedas.

2
2. Descuelgue y espere tono de marcar.

3. Marque el prefijo de la provincia a la que dirija la llamada, columna 1 del cuadro de prefijos y, a continuación, el número del abonado.

3
4. Una vez consumidas las monedas depositadas oirá un tono de aviso y dispondrá de 10 segundos para introducir nuevas monedas, si desea prolongar la conversación.

EN CONFERENCIAS A TRAVES DE OPERADORAS:

1
1. Descuelgue y espere tono de marcar.

2
2. Marque el indicativo de servicio de la provincia a la que dirija la llamada, columna 2 del cuadro de prefijos.

3
3. Una vez al habla con la operadora, siga sus instrucciones.

DESDE ESTE TELEFONO PUEDEN EFECTUARSE LLAMADAS DENTRO DE SU DISTRITO DE TARIFACION AL PRECIO DE 5 PESETAS CADA PERIODO DE CONVERSACION

NOTA: En el momento de entrar en prensa este libro, la Compañía Telefónica estaba procediendo a la retirada de estas placas de las cabinas públicas y se desconocía si iban a ser sustituidas por otras o no.

CODIGOS TERRITORIALES DE LAS REDES AUTOMATICAS PROVINCIALES

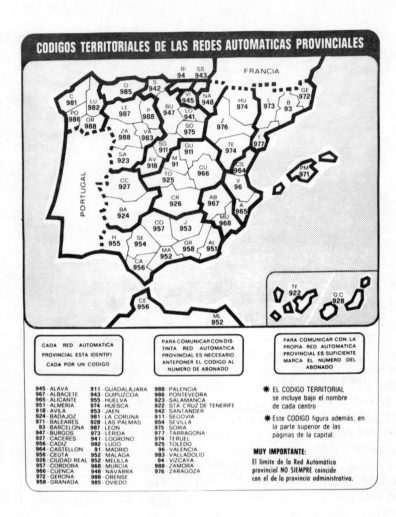

CADA RED AUTOMATICA PROVINCIAL ESTA IDENTIFI CADA POR UN CODIGO	PARA COMUNICAR CON DIS TINTA RED AUTOMATICA PROVINCIAL ES NECESARIO ANTEPONER EL CODIGO AL NUMERO DE ABONADO	PARA COMUNICAR CON LA PROPIA RED AUTOMATICA PROVINCIAL ES SUFICIENTE MARCA EL NUMERO DEL ABONADO	

945 · ALAVA
967 · ALBACETE
965 · ALICANTE
951 · ALMERIA
918 · AVILA
924 · BADAJOZ
971 · BALEARES
93 · BARCELONA
947 · BURGOS
927 · CACERES
956 · CADIZ
964 · CASTELLON
956 · CEUTA
926 · CIUDAD REAL
957 · CORDOBA
966 · CUENCA
972 · GERONA
958 · GRANADA

911 · GUADALAJARA
943 · GUIPUZCOA
955 · HUELVA
974 · HUESCA
953 · JAEN
981 · LA CORUNA
928 · LAS PALMAS
987 · LEON
973 · LERIDA
941 · LOGRONO
982 · LUGO
91 · MADRID
952 · MALAGA
952 · MELILLA
968 · MURCIA
948 · NAVARRA
988 · ORENSE
985 · OVIEDO

988 · PALENCIA
986 · PONTEVEDRA
923 · SALAMANCA
922 · STA CRUZ DE TENERIFE
942 · SANTANDER
911 · SEGOVIA
954 · SEVILLA
975 · SORIA
977 · TARRAGONA
974 · TERUEL
925 · TOLEDO
96 · VALENCIA
983 · VALLADOLID
94 · VIZCAYA
988 · ZAMORA
976 · ZARAGOZA

✱ EL CODIGO TERRITORIAL se incluye bajo el nombre de cada centro

✱ Este CODIGO figura además, en la parte superior de las páginas de la capital.

MUY IMPORTANTE:

El límite de la Red Automática provincial NO SIEMPRE coincide con el de la provincia administrativa.

El alfabeto telefónico

Las palabras de enunciación confusa o poco corriente se aclararán usando las palabras siguientes para designar cada letra:

A.	Antonio	J.	José	R.	Ramón
B.	Barcelona	K.	Kilo	S.	Sábado
C.	Carmen	L.	Lorenzo	T.	Tarragona
Ch.	Chocolate	LL.	Llobregat	U.	Ulises
D.	Dolores	M.	Madrid	V.	Valencia
E.	Enrique	N.	Navarra	W.	Washington
F.	Francia	Ñ.	Ñoño	X.	Xiquena
G.	Gerona	O.	Oviedo	Y.	Yegua
H.	Historia	P.	París	Z.	Zaragoza
I.	Inés	Q.	Querido		

Los servicios de Correos

Tanto en la vida privada como en el mundo de los negocios hacemos uso constante de los servicios de Correos.

La administración de Correos en España depende del Ministerio de Transportes y Comunicaciones. El color que caracteriza al servicio de Correos es el gris; los buzones, las furgonetas de Correos y los uniformes de los carteros son de este color.

La red de distribución postal se extiende a todo el país y cubre por tanto cada ciudad, pueblo o aldea. En las grandes ciudades los servicios de Correos y Telégrafos están en el mismo edificio pero cada uno de ellos mantiene una organización independiente. El servicio de Teléfonos es independiente, a su vez, de Correos y Telégrafos y la Compañía Telefónica Nacional de España es una empresa pública monopolística en la que el Estado español tiene una participación muy importante.

Las cartas deben franquearse con sellos de correos. Se pueden adquirir los sellos para el franqueo en cualquier oficina de Correos, donde la ventanilla o taquilla lleva la inscripción *Venta de Sellos*. También se obtienen los sellos en los estancos o expendedurías de tabacos. Algunas empresas y organismos estatales, provinciales o locales utilizan máquinas de franquear que imprimen el importe del franqueo en el sobre. La correspondencia oficial, es decir la que se mantiene entre organismos estatales o locales, goza de franquicia postal.

MATRIZ
GIRO POSTAL N.°

Importe

Pesetas _____ Cts. _____

Origen

Páguese a D.

residente en

calle _____ n.°

Remite D.

calle _____ n.°

Fecha

TALON
GIRO POSTAL N.°

Importe

Pesetas _____ Cts. _____

Origen

Páguese a D.

Remite D.

calle _____ n.°

ORDEN DE PAGO   G-1
GIRO POSTAL N.°

IMPORTE (en cifras): Ptas. _____ Cts. _____

Pesetas _____ Cts. _____

Oficina expedidora

Oficina pagadora

Páguese a D.

residente en _____ n.°

calle

Fecha

RESGUARDO
GIRO POSTAL N.°

Importe..
Derechos.
Total...

Destino

El remitente llenará sólo los epígrafes en tinta negra.

Un giro postal

EL EXPEDIDOR DEBE RELLENAR ESTE IMPRESO, EXCEPTO LOS RECUADROS EN TINTA ROJA   T. G.A.EGSA

INS O N.° MARCACION	SERIAL	INDICACIONES TRANSMISION
LINEA PILOTO		

T E L E G R A M A

N.° .... Pal. .... día .... hora .... Ptas. ....

INDICACIONES: DESTINATARIO: ....

SEÑAS: ....

TELEFONO: .... TELEX: ....

DESTINO: ....

TEXTO: ....

....

....

....

....

....

....

....

....

SEÑAS DEL EXPEDIDOR	NOMBRE:	TFNO.: ....
	DOMICILIO:	POBLACION: ....

A-5 UNE 1011.-(148 × 210)   IMPORTANTE.—La hoja adjunta sirve de recibo y copia.

Un telegrama

19

Las oficinas de Correos ofrecen otros servicios además de los propiamente postales. Estos servicios resultan interesantes desde el punto de vista comercial. Entre ellos se cuentan:

1. La Caja Postal de Ahorros que funciona casi como un banco y donde cualquier persona puede solicitar la apertura de una cuenta de ahorros o utilizar los servicios del cheque postal. El cheque postal sólo puede ser utilizado entre titulares de cuentas de ahorros.

2. El Giro Postal se utiliza para el envío de cantidades de dinero. La oficina de Correos facilita un impreso que se ha de rellenar y presentar en la ventanilla correspondiente junto al dinero a expedir. El giro se transmite por la oficina expedidora, donde se hace la imposición, a la oficina pagadora más cercana al domicilio del destinatario. El cartero entregará a éste el importe del giro en su domicilio.

3. En caso de urgencia se puede utilizar el giro telegráfico para la expedición urgente de fondos. El giro telegráfico funciona de la misma manera que el postal, las únicas diferencias estriban en su mayor rapidez y más alto coste.

4. Otra forma de envío de cantidades por Correo es la de remitir dinero en una carta declarando la cantidad y consignándola en el sobre. Este sistema recibe el nombre *carta con valores declarados* y se utiliza muy poco en la vida mercantil.

5. Finalmente se pueden enviar también paquetes postales, que contengan libros u otras mercancías de fácil manejo y poco peso, o cartas, con documentos o facturas, por el método de *contra reembolso*. En este caso la Administración de Correos entrega el envío al destinatario previo pago del importe del reembolso. Esta cantidad pagada le es enviada entonces al remitente del paquete o carta.

Para acelerar el reparto de la correspondencia, la Administración de Correos ha dividido a las grandes ciudades en distritos postales. Cada distrito postal tiene un número que ha de escribirse a continuación del nombre de la ciudad. La dirección correcta de una carta tal como debe aparecer en el sobre es como sigue:

Sr. D. José Cano Arco
Calle Mayor, 138, 2º Dcha.
MADRID – 8

Finanzas y bancos

En España las cuatro fuentes más importantes de financiación son:
1. Los Bancos Privados
2. Las Cajas de Ahorro
3. La Banca Oficial
4. La Bolsa de Comercio e Industria

El porcentaje de participación de estas instituciones en la circulación de dinero es aproximadamente el siguiente:

Bancos Privados – 58 por ciento; Cajas de Ahorro – 15 por ciento; Banca Oficial – 22 por ciento; Bolsa – 3 por ciento.

La banca privada, en razón del gran número de sucursales y agencias que posee en el interior del país e incluso en el extranjero, está organizada para realizar todo tipo de operaciones financieras en favor de sus clientes cobrando a éstos, a cambio, derechos de comisión según la operación de que se trate.

Los bancos abren a sus clientes una cuenta (corriente, de ahorros, de imposición a plazo fijo, etc.) en la que se registran las entradas, ingresos o imposiciones, así como las salidas o retiros de dinero.

Los bancos españoles pagan a sus clientes interés por los fondos depositados. El tipo de interés varía según la clase de cuenta.

Para el hombre de negocios y el comerciante es imprescindible poseer cuenta bancaria. A través de la cuenta el comerciante puede cobrar a sus clientes y pagar a sus acreedores. A los comerciantes se les permite, previo acuerdo con el banco, que sus cuentas puedan funcionar con saldo acreedor o al descubierto.

Las entradas y salidas de dinero de una cuenta no se hacen exclusivamente en metálico o efectivo. Los cheques, letras de cambio y otros efectos de comercio se ingresan o cargan en una cuenta mediante el asiento de la cantidad en cuestión. La letra de cambio es el efecto de comercio que más se emplea en España sobre todo para pagos aplazados.

Los bancos actúan como depositarios de fondos, como agentes de pagos, como agentes o intermediarios en operaciones comerciales internacionales, como prestamistas y como intermediarios en todo tipo de operaciones bursátiles.

Por orden de volumen de recursos los principales bancos españoles son: Banco Español de Crédito (Banesto), Banco Central, Banco Hispano Americano, Banco de Bilbao, Banco de Santander, Banco de Vizcaya y Banco Popular.

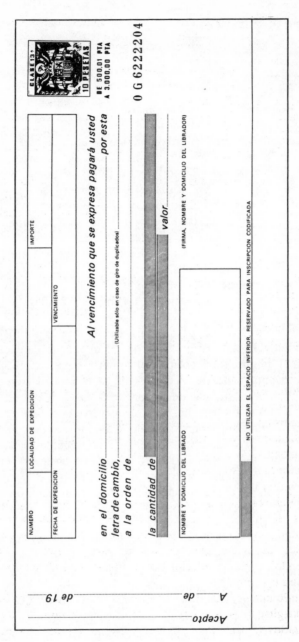

Una letra de cambio

Estos bancos privados poseen también bancos industriales que facilitan créditos a la industria, el comercio y la agricultura como 'Bandesco', Banco Industrial de Bilbao, 'Indubán' y otros.

Las Cajas de Ahorros son instituciones bancarias de ámbito provincial dedicadas al fomento del ahorro y sus estatutos establecen que la función benéfica es su principal objetivo.

La banca oficial, estatal o institucional es propiedad del Estado. El Banco de España es el banco emisor de la moneda de curso legal y a través de él el gobierno lleva a cabo su política monetaria y económica.

El resto de la banca oficial tiene como misión principal facilitar créditos a tasas de interés bajas a los sectores de la producción, organismos locales o particulares. Entre estos bancos se cuentan el Banco de Crédito Industrial, el de Crédito a la Construcción, el Hipotecario y el de Crédito Local.

La Bolsa de Comercio e Industria hay tres bolsas en España; Madrid, la más importante, que engloba más de la mitad de la actividad bolsística española; Barcelona y Bilbao.

La bolsa es un mercado de valores. Existen también otros establecimientos públicos destinados a negociar con mercancías o especies que reciben el nombre de Lonjas de Comercio o de Contratación. Existen muchas en todo el país.

En la Bolsa se cotizan valores de tres clases:
1. Valores Públicos o Fondos Públicos que son valores o títulos representativos de un préstamo hecho al Estado u otro organismo regional, provincial o local.
2. Obligaciones que son títulos de un préstamo hecho a una sociedad.
3. Acciones que son participaciones en el capital de una Sociedad Anónima.

Los Valores Públicos y las Obligaciones dan un interés fijo, son valores de renta fija, y normalmente tienen un período de caducidad (amortización). Las Acciones son valores de renta variable, es decir que el interés que producen, llamado 'dividendo', varía en relación con los beneficios obtenidos por la Sociedad o Compañía.

Cuando una persona desea comprar o vender valores en la Bolsa debe dirigirse a los Agentes de Cambio y Bolsa que son los únicos autorizados legalmente para intervenir en las operaciones bursátiles.

2 La carta comercial

Introducción

Las relaciones comerciales tienen lugar por regla casi general entre compañías establecidas en poblaciones distintas y ello es principalmente debido a la diferente localización de las diversas materias primas y a la variada ubicación de los centros productores fabriles o industriales. Este es el fundamento de la comunicación comercial en sus distintas formas.

A pesar del desarrollo de otros métodos de comunicación, la carta mantiene su importancia en el mundo mercantil y continúa jugando un papel de primera magnitud en la mayoría de las transacciones comerciales. La carta sirve de puente o canal de comunicación entre corresponsales, ofrece información o la solicita y es prueba y documento de referencia de la transacción. Es por tanto de suma importancia que la carta sea clara, correcta y presentada con pulcritud y concisión. La carta es el primero, y quizás único, contacto entre corresponsales y debe por tanto cuidarse de que proporcione una buena impresión del que la escribe evitando las faltas de ortografía y los errores de mecanografía.

El membrete

Las empresas comerciales, organismos públicos y hasta las personas particulares poseen papel especial de cartas con un membrete o encabezamiento impreso. En el membrete se pueden incluir los siguientes datos: el nombre y la dirección de la empresa, su domicilio o sede social, su capital social cuando se trata de una sociedad, el número de teléfono, la dirección telegráfica, el número de télex y los nombres de los bancos en los que se tiene cuenta corriente.

La dirección del destinatario

Se recomienda que antes de comenzar el texto de una carta se indique el nombre, la profesión y la dirección del destinatario. Estos datos se suelen colocar en la parte izquierda de la carta al igual que el membrete impreso.

IMI

talleres mecánicos irurgui

fabricación de accesorios y útiles para torno
revólver y mecanizaciones en general

barrio landeta casa txintxua, s/n
teléfono
azpeitia (guipúzcoa)

● talleres mecánicos iraurgui - B.° Landeta casa Txintxua, s/n AZPEITIA ●

su referencia	su escrito del	n/escrito del	n/referencia	**AZPEITIA**

asunto:

25

La dirección on señas del destinatario adopta una de las siguientes formas:

1. *Carta dirigida a una persona*

> Sr. D. Juan Barrios López
> Abogado
> Calle de la Victoria, 125, 3ª Dcha
> <u>BURGOS</u>

2. *Carta dirigida a una sociedad con nombre colectivo*

> Herederos de Primitivo Aguado, s.l.
> Fabricantes de Mobiliario de Oficina
> Plaza de la Independencia, 5 y 7
> <u>ALICANTE</u>

3. *Carta dirigida a una sociedad anónima*

> Compañía Transmediterránea, s.a.
> Paseo de Colón, 354
> <u>MADRID</u> – 12

Referencias y asunto

Las referencias son indicaciones muy útiles para la determinación del departamento a que corresponde, la búsqueda de documentos conectados con el objeto o asunto de la carta y para su posterior clasificación y archivo.

El asunto es una llamada breve que se coloca inmediatamente antes del saludo para indicar el objeto que motiva la redacción de la carta.

Asunto: Su entrega de . . .
Asunto: Envío de documentación de embarque
Asunto: Su pedido de máquinas de escribir

La fecha

Se ha de mencionar siempre. Si el nombre de la ciudad desde donde se escribe la carta está ya impreso en el membrete no es necesario escribirlo de nuevo.

Madrid, 24 de marzo de 19 . . (Esta es la fórmula más corriente)
Madrid, 24–3–19 . .

Generalmente la fecha debe escribirse a la altura del nombre de la ciudad que aparece impreso en el membrete. En este libro, y por conveniencias de impresión, no siempre se ha podido seguir esta norma.

El saludo

El saludo o sobreescrito precede siempre al cuerpo o texto de la carta.

1. *A una persona*   Muy Sr. mío: Distinguida Señora:
                          Muy Sr. nuestro: Distinguida Sra.:
                          Estimado Sr.:   Distinguida Srta.:
                          Estimado Sr. Pérez: Estimada Sra.:

2. *A una sociedad*   Muy Sres. nuestros:
                          Muy Sres. míos:

3. *A una persona determinada de la empresa*
                          Señor Director:
                          Señor Director-Gerente:

4. *A un amigo*   Querido amigo:
                          Querido Pedro:
                          Estimado amigo Pedro:

5. *A un cliente con el que se tienen buenas relaciones*
                          Estimado cliente:

6. *A un colega*   Estimado colega (y amigo):
                          Mi querido colega:

7. *Tratamientos especiales* – A Ministros, Gobernadores Civiles y Militares, Embajadores, Jueces y Magistrados del Tribunal Supremo, y ciertos títulos nobiliarios como Grandes de España:

                        Excelentísimo Señor:

                        (Normalmente se abrevia Excmo. Sr.)

A altos cargos de la Administración – Directores Generales, Jueces y Magistrados de otros Tribunales:

                        Ilustrísimo Señor: (Abreviado: Ilmo. Sr.:)

A diputados en Cortes y senadores, y a títulos nobiliarios:

                        Señoría:

Después del saludo viene *el texto de la carta* que consta de introducción y cuerpo de la carta. Finalmente se encuentra la despedida. Veamos algunas frases usuales en la introducción y en la despedida.

Frases usuales

Frases frecuentes en la introducción de una carta comercial:

Nos es grato . . .	acusar recibo de su atta. del 28 ppdo.
Nos complacemos en . . .	informar a Vds . . . (informarles . . .)
Tenemos el gusto de . . .	confirmar a Vds . . . (confirmarles . . .)
Nos apresuramos a . . .	notificar a Vds . . .
Tenemos el honor de . . .	dirigirnos a Vds . . .

Agradeceremos a Vds. tengan a bien . . .
Sentimos (Lamentamos) tener que comunicarles . . .
Les quedaríamos muy agradecidos si tuvieran a bien . . .
Agradecemos a Vds. su atenta carta del 8 de los corrientes . . .
Sírvanse comunicarnos a su más pronta conveniencia . . .
Sírvanse tomar nota . . .
Adjunto remitimos a Vds . . .
Adjunto nos es grato remitirles . . .
En contestación a su atta. carta del 5 ppdo . . .
Como continuación a nuestra carta de 12 de febrero pasado . . .
Oportunamente fue en nuestro poder su atta. del 15 ppdo., cuyo contenido ha merecido nuestra mejor atención.
Agradecemos a Vds. su atta. del 14 del corriente de cuyo contenido hemos tomado debida nota.
Confirmamos a Vds. nuestra anterior del 25 ppdo. y lamentamos que, hasta la fecha, no hayamos recibido contestación de parte de Vds.

Frases frecuentes en la despedida de una carta comercial:

Les saluda atentamente, (Attmte. les saluda.)
Quedamos de Vds. attos. ss. ss.,
Nos reiteramos de Vds. ss. ss. ss.,
En espera de sus prontas noticias, les saludamos attmte.,
Esperando vernos complacidos, reciban un atto. saludo,
Dándoles gracias anticipadas les saluda atentamente,
Anticipándoles las gracias por su pronta atención, reciban un atto. saludo,
En espera de sus gratas noticias, gustosamente aprovechamos esta ocasión para saludarles muy atentamente,
Aprovechamos esta oportunidad para ofrecernos a Vds. y saludarles muy attmte.,

Antefirma y firma

Adopta, en las cartas comerciales, la siguiente forma:

En espera de sus prontas noticias attmte. les saluda,

antefirma   MUEBLES DE LEVANTE, S.L.

firma   A. Valenciano

Director-Gerente

Adjuntos o anexos

Cuando se acompañen documentos en la carta (facturas, catálogos, etc.) se hace mención de ello al pie de la carta:

Anexo: N/Factura Número 32.401
Adjunto: Catálogo verano
Adj.: 2 fotocopias contrato de venta

El sobre

El nombre y la dirección del destinatario debe aparecer en el sobre lo mismo que en la carta:

```
                                    ┌──────────┐
                                    : Sello    :
                                    :(Franqueo):
                                    └──────────┘


      Via Aérea


  Sr. D. Agustín Laborda Villar

  Importador de Vinos

  Avenida de Mayo, 1322

  BUENOS AIRES              ARGENTINA
```

Si el nombre y la dirección del expedidor o remitente no están impresos en la parte superior izquierda del sobre, entonces hay que escribirlos en el reverso del sobre de la siguiente manera:

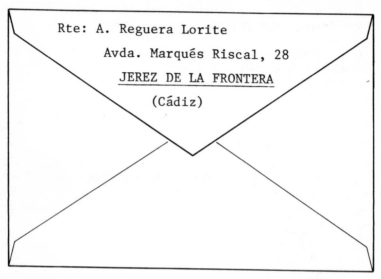

Con frecuencia es necesario escribir en el sobre ciertas indicaciones como por ejemplo:

Particular, Personal
Por Avión, Via Aérea
Correo Exprés
Reservada
Muestras sin Valor
Confidencial
Contra Reembolso
Valores Declarados
Urgente
Certificado
Impresos

3 Cartas comerciales y ejercicios

Peticiones de información y ofertas

Sr. D. Francisco González Robles   30 de marzo de 19 . .
Director de 'Muebles La Imperial'
Avenida del Betis, 267
SEVILLA – 12

Asunto: Solicitud de precios

Muy Sr. mío:

Le agradeceré se sirva cotizarnos a su más pronta conveniencia sus mejores precios y fecha de entrega para los siguientes artículos de las gamas 'Carlos I' y 'Rústico Andaluz' incluidas en su catálogo 'Novedades '80':

    50 sillas modelo CI421
    40 sillas modelo RA223
    10 mesas modelo CI299
    10 armarios de cocina modelo RA343

Le ruego tome nota de que en caso de que lleguemos a un acuerdo necesitaremos recibir las citadas mercancías para el día 15 de junio próximo, ya que uno de nuestros mejores clientes tiene en proyecto organizar, a primeros del mes de julio, una 'Semana Española' en sus establecimientos de Londres, Birmingham y York durante la cual montará una exposición de artículos importados de España.

En espera de sus gratas noticias, le saluda muy atentamente,

J. K. Lodge

Sr. D. John K. Lodge   6 de abril de 19..
Director de Importaciones
RAYNER HARDCASTLE & Co.
14 Hillside Street
<u>LONDRES</u>

Asunto: Oferta de precios de mobiliario

Muy Sr. mío:
Me es grato acusar recibo de su atta. carta del 30 ppdo. en la que solicitaba cotización de precios de mobiliario.

Adjunto le remito la lista de precios correspondientes a los artículos indicados, en pesetas y libras esterlinas. Estos precios incluyen FOB puerto Sevilla y embalaje impermeabilizado especial para transportes marítimos.

En lo que respecta a la fecha de entrega nos comprometemos a servir las mercancías no más tarde de los 30 días siguientes a la recepción del pedido en firme. Por tanto dada la fecha para la que Vds. lo necesitan, y siempre que pase Vd. el pedido con la debida antelación, podremos expedir el mobiliario con tiempo suficiente para el montaje de la exposición a primeros del mes de julio.

Esperamos que encuentre estos precios a su entera satisfacción y siempre atentos a sus gratas órdenes, le saluda atentamente,

                              F. González

Anexo: 1 lista de precios

FUMIREX, S.A.
Santa Ana, 21
HUESCA

Lérida, 5 de marzo de 19..

Señores:

Hemos leído su anuncio publicado en el diario local 'El Correo Leridano' y nos dirigimos a Vds. para rogarles nos envíen una amplia información técnica sobre su pistola insecticida 'Haza' modelo 334.

Asimismo nos gustaría presenciar una demostración práctica de su funcionamiento si ello es posible.

En espera de su pronta respuesta nos despedimos atentamente,

Droguería Mariló

M. Cabot

DROGUERIA MARILO
Plaza de España, 33
LERIDA

Huesca, 9 de marzo de 19..

Señores:

Me dirijo a Vds. en contestación a su atenta del 5 de los corrientes.

Tengo el gusto de remitirles adjunta la información por Vds. solicitada. En nuestro folleto informativo encontrarán Vds. todos los detalles técnicos de la pistola insecticida 'Haza' modelo 334 así como instrucciones precisas para su manejo y funcionamiento.

Debo indicarles que la segunda parte del folleto dedicada a instrucciones de manejo son las mismas que acompañan a cada pistola para su venta al público.

Hoy mismo nos hemos puesto en contacto por teléfono con nuestro representante en esa plaza, el Sr. Mohedano, quien tendrá sumo placer en visitarles a su conveniencia para hacerles una demostración práctica.

Esperando haberles complacido, les saluda atentamente,

FUMIREX, S.A.

Sr. D. Juan Nervo Ruiz   14 de junio de 19 . .
Conservas Vegetales 'Agronovo'
Alfonso XII, 47
MURCIA

Estimado Sr. Nervo:

Le agradezco mucho el envío de las muestras de conserva de frutas y los folletos de propaganda que acompañaba.

Me complace expresarle otra vez mi satisfacción por la probada calidad y nueva presentación de los productos remitidos. Actualmente existe una gran demanda de esta mercancía en nuestra región y mis existencias se están agotando con toda rapidez. Por esta razón tengo que reponer existencias para antes de fines del presente mes y le agradeceré tenga a bien remitirme, a vuelta de correo, la cotización de precios correspondiente a las mercancías que le indico a continuación con el plazo de entrega más corto posible:

1.500 latas de 250 grs. de tomate, ref. B-48
1.000 latas de 250 grs. de mitades de melocotón, ref. B-53
1.000 latas de 250 grs. de pimientos, ref. B-33
1.000 latas de 250 grs. de espárragos, ref. B-76
  500 latas de 500 grs. de mitades de melocotón, ref. D-80
  500 latas de 500 grs. de tomate, ref. D-40
  500 latas de 1 Kg. de tomate, ref. M-3

Anticipándole las gracias por su pronta atención, reciba un atento saludo,

M. Fuentes

Sr. D. Manuel Fuentes Guerrero   19 de junio de 19..
Calle Alborán, 30
ANTEQUERA (Málaga)

Asunto: S/ petición de precios del 14–6–19..

Estimado cliente:
Le ruego sepa disculpar el retraso en contestar a su carta de referencia. Por encontrarme en viaje de negocios me ha sido totalmente imposible hacerlo antes, no obstante ya habrá recibido Vd. mi telegrama de esta misma fecha en el que le informaba en los siguientes términos:

Ref. B-53, CINCUENTA PESETAS UNIDAD
Ref. B-48, VEINTE
Ref. B-33, TREINTA Y DOS
Ref. B-76, TREINTA Y CINCO
Ref. D-80, NOVENTA Y SIETE
Ref. D-40, TREINTA Y TRES
Ref. M-3, SETENTA Y UNA. STOP.
ENTREGA INMEDIATA SIGUE CARTA SALUDOS AGRONOVO

A causa de la reciente alza del coste de la mano de obra, producida como resultado del nuevo convenio colectivo en esta industria, nos hemos visto obligados a subir ligeramente nuestros precios, pero le aseguro que mantenemos una calidad inmejorable.

Adjunto le acompaño nota de precios desglosada por productos y pesos.

En espera de sus gratas noticias, le saluda muy attmte.,

J. Nervo

Anexo: Nota de precios

México D.F., 15 de septiembre de 19 . .

Compañía Jiennense de Aceites, S.A.
Carretera de Madrid, 156
JAEN (España)

Estimados Sres.:

La casa 'Mexicali' nos recomienda ponernos en contacto con Vds. con vistas al establecimiento de relaciones comerciales regulares entre nuestras dos compañías.

Nuestra empresa se dedica principalmente a la importación de productos para su posterior comercialización en México y otros países de América Central y del Sur. Somos uno de los principales importadores mexicanos y durante muchos años hemos venido adquiriendo importantes cantidades de aceites de oliva a una casa cordobesa.

Ultimamente no estamos nada satisfechos con las remesas enviadas por dicha compañía la cual, a pesar de nuestras repetidas reclamaciones, nos ha estado enviando aceites de elevado grado de acidez en contra de lo acordado al respecto.

Por este motivo les rogamos nos remitan nota de precios y calidades, folletos de propaganda, detalle de fechas de entrega y condiciones de facturación y pago, en la seguridad de que si sus precios y condiciones son satisfactorios, tendremos mucho gusto en pasarles pedidos por cantidades considerables.

Debemos, por fin, indicarles que estamos especialmente interesados en las calidades extrafino y fino.

Esperando que ésta sea la iniciación de una activa y fructífera relación comercial entre las dos empresas, reciban un atento saludo,

COMERCIAL AZTECA, S.A.

J. Armendáriz

Sr. D. Jaime Armendáriz   Jaén, 25 de septiembre de 19..
COMERCIAL AZTECA
Avenida de la Revolución, 438
MEJICO D.F.

Muy Sr. nuestro:

Ha sido en nuestro poder su atta. del 15 de los corrientes en la que nos solicitaba cotización de precios y condiciones de venta.

Agradecemos muy sinceramente su comunicación y nos complace sobremanera saber que MEXICALI nos ha recomendado a Vds. Con esta empresa nos unen lazos comerciales muy antiguos en otra vertiente de nuestra actividad mercantil.

De acuerdo con su solicitud, adjunto tenemos el gusto de remitirle una lista completa de precios correspondientes a la actual temporada con indicación de calidades por grados de acidez, además de los folletos que también interesaba. Sírvase tomar nota de que los precios están indicados en pesetas, dólares, pesos mejicanos y bolívares, pero debemos advertirle que a causa de la inestabilidad de cambios, los precios en otras monedas distintas de la peseta pueden variar de acuerdo con las fluctuaciones de ésta.

Nuestros precios incluyen F.A.S. puerto de Málaga y facturación en bidones de 100 Kgs. El plazo de entrega al costado del buque es de diez días después de la recepción del pedido y las condiciones de pago son por crédito irrevocable a 30 días de la recepción de la mercancía.

Hoy mismo, y por el servicio de Cargo de la Compañía Iberia, le hemos remitido dos muestras de cada una de las calidades extrafino y fino que Vd. mencionaba en su carta.

Esperamos que nuestras condiciones y calidades sean de su completo agrado.

Aprovechamos esta oportunidad para ponernos a su disposición para cualquier otra consulta que desee hacernos.

Atentamente le saluda,
JIENNENSE DE ACEITES, S.A.

A. Alcalá

Equipos y Construcciones, s.a.   5 de octubre de 19 . .
Avenida del Cid, 48, 35º
<u>VALENCIA</u> – 4

Señores:

Hace tres años su Compañía nos vendió dos locomotoras Diesel eléctricas 43/GM y nos complace informarles que ambas siguen funcionando a pleno rendimiento y a entera satisfacción de esta Compañía Real de Ferrocarriles.

En nuestros planes para el próximo futuro figura la apertura de una nueva línea de ferrocarril entre la capital, Riyadh, y la ciudad de Dhahran y por tanto necesitamos una nueva locomotora de idénticas características a las servidas anteriormente por Vds.

Les rogamos nos hagan saber si les sería posible hacer entrega de la nueva máquina para mediados del mes de febrero del próximo año y al mismo precio de hace tres años bajo condición de que la entrega se efectúe en Riyadh libre de todo gasto.

Con este motivo nos complacemos en poder renovar nuestras anteriores relaciones comerciales.

En la confianza de una respuesta favorable, quedamos de Vds. attos. ss. ss.,

THE ROYAL SAUDI RAILWAY COMPANY

M. Ibn Suleiman

Ejercicio 1
Reply to the previous letter in Spanish. Prices are now 15% higher than they were three years ago. The price of the locomotive is now 32,500 U.S. dollars. As in the earlier contract, delivery will be made six months after a definite order is made. Payment is to be made by irrevocable credit in U.S. dollars.

Ejercicio 2

Traducir al español la siguiente carta:

Dear Sir,

Our Valencia branch will be moving into more extensive premises in a new office block on the Avenida San Jerónimo at the end of August.

We should like to furnish the new offices in keeping with their modern appearance but with good taste.

Your company has been recommended to us by Mr. Enrique Molinero Rojas, Managing Director of Equipos y Construcciones, S.A., whose Head Office you furnished last year.

Will you, therefore, please send us a copy of the current catalogue of all your office furniture, with details of prices and terms of payment. It would be most helpful if you would also include colour charts and samples of the fabrics you use.

Ejercicio 3

Traducir al español la siguiente carta:

Dear Sir,

This large manufacturing concern has offices spread over a very wide area. As a result, many members of our staff are quite often away from their desks in conference with colleagues in other offices. In two years we are hoping to bring all our various offices together in a new building. In the meantime, however, we are considering ways of maintaining contact between staff when they are away from their office but within the factory.

We are examining the idea of a type of paging system and have looked at methods that are for 1-way and 2-way conversations.

We understand that you also produce radiotelephone systems which could be used by representatives and would be installed in their cars when they are on business trips.

Any brochures or leaflets that are available for the above-mentioned methods of communication would be useful to us before having more formal discussions with you.

We look forward to hearing from you in the near future.

Yours faithfully,

Pedidos y confirmaciones

CORCHOS VARGAS
Plaza de la Iglesia, 67
SAN ROQUE (Cádiz)

4 de febrero de 19..

Señores:

Les agradeceremos el urgente envío de una nueva partida de tapones del mismo modelo que los que nos sirvieron el pasado mes de diciembre. Sírvanse tomar nota del siguiente pedido:

20.000 tapones, modelo NS-8 en las condiciones de costumbre.

Les encarecemos el envío urgente de esta partida ya que tenemos que embotellar un importante pedido recibido de América y en este momento carecemos de tapones del citado modelo que tan conveniente resulta para el transporte a larga distancia.

Reciban un atento saludo,
BODEGAS MATEO

F. Cantero

BODEGAS MATEO
Apartado de Correos, 135
LOGROÑO

San Roque, 6 de febrero de 19..

Señores:

Acusamos recibo de su atenta de anteayer y tenemos el gusto de comunicarles que hemos anotado su pedido como sigue:

20.000 tapones modelo NS-8

Condiciones: Envío por f.c.g.v.

Pago: Efecto a la vista.

Como de costumbre enviaremos su pedido dentro de los siete días a contar desde hoy, fecha de recepción de su pedido. Lamentamos no poder acelerar más este envío ya que debido al éxito alcanzado por este tipo de tapones tenemos una considerable cantidad de pedidos pendientes y éstos son despachados por riguroso orden de entrada.

Les confirmaremos el envío tan pronto como éste sea expedido.

Agradeciéndoles su grato pedido, atentamente les saluda,

CORCHOS VARGAS

Agustín Vargas

Huelva, 13 de septiembre de 19 . .

Sr. D. José Luis Bravo Fernández
Piensos Compuestos, S.L.
ESTELLA (Navarra)

Muy Sr. mío:

Tengo el gusto de dirigirme a Vd. para solicitarle el envío del pedido correspondiente al mes en curso de acuerdo con las condiciones habituales.

Ruego me envíe 3.000 Kgs. de pienso integral número 3, cuyo precio que asciende a Ptas. 56.000,--(cincuenta y seis mil) le abonaré por giro a 15 días vista.

Como siempre, espero que la entrega se efectuará dentro del mes actual y las condiciones de la misma serán sobre vagón en origen.

En espera de sus prontas noticias, reciba un atento saludo,

Federico Serrano

Estella, 17 de septiembre de 19. .

Sr. D. Federico Serrano Onieva
Granja Avícola y Ganadera 'SERRANO'
Calle Sevilla, 78
HUELVA

Muy Sr. mío:
En respuesta a su apreciada del 13 del corriente tengo el gusto de comunicarle que la mercancía por Vd. solicitada le ha sido remitida hoy mismo.
Adjunto le envío la correspondiente factura comercial y el talón de ferrocarril núm. 21301.
Así mismo comunico a Vd. que dentro de unos días pondremos en circulación el efecto correspondiente a este envío.
Esperando haberle complacido, reciba un atento saludo,

PIENSOS COMPUESTOS, S.L.

Anexos: 1 factura comercial
1 talón de ferrocarril

ELORZA Y URIBE, S. en C.   Oporto, 1º de octubre de 19. .
Avenida del Mar, 122
EIBAR (Guipúzcoa)

Señores:
En respuesta a su carta del 18 de julio pasado les agradeceremos se sirvan anotar el siguiente pedido:
150 escopetas de caza, modelo 'Adalid' a Ptas. 12.000 unidad
Entrega: 2 semanas, frontera portuguesa, libre de gastos.
Les rogamos tengan a bien confirmarnos este pedido en cuanto les sea posible.

Atentamente,

J. Carvalho

42

Sr. D. João Carvalho   5 de octubre de 19..
Director-Adjunto de Industrias Aventeiro
Travessa do Salitre, 55
OPORTO (Portugal)

Asunto: Su pedido de escopetas de caza del 1º de octubre

Estimado Sr. Carvalho:
   Nos apresuramos a acusar recibo de su estimada de referencia
que agradecemos.
   Lamentamos tener que comunicarle que los precios de las
escopetas que interesa han experimentado una ligera subida
después de la oferta contenida en nuestra carta de julio último. Las
escopetas de caza 'Adalid' tienen en la actualidad un precio de
venta de 13.500,–– pesetas por unidad.
   La elevación de precios se ha debido al aumento general del
coste de materiales.
   Le agradeceremos se sirva confirmarnos su orden si, como
esperamos, está de acuerdo con los nuevos precios.
   Por correo aparte le hemos remitido nuevos catálogos y notas de
precios.
   En espera de sus gratas noticias, le reiteramos el ofrecimiento de
nuestra mejor atención.

Atentamente,

ELORZA Y URIBE, S. en C.

Fábrica de Juguetes VINUESA   Madrid, 25 de mayo de 19..
Calle de F. García Sanchez, 88
ELCHE (Alicante)

Señores:

Agradecemos a Vds. su atenta del 12 del actual y nos complace hacerles el siguiente pedido de ensayo:

Ref. 535: 250 muñecas modelo 'Lady Sally', con juego de ropa y abrigo de cuero, a 1.000 pesetas cada una

Ref. 667: 425 muñecos de goma modelo 'Matador', sin extras, a 275 pesetas unidad

Ref. 036: 300 coches miniatura, modelo 'Seatón-127' cromado, a 110 pesetas cada uno

Sírvanse hacer el envío de esta remesa por la Agencia de Transportes Duque Soler y con plazo de entrega dentro de los veinte días siguientes a la recepción de esta orden tal como figura en su carta de oferta.

Si, como esperamos, quedamos satisfechos con su consignación, les pasaremos nuevos pedidos de mayor volumen.

Esperando vernos complacidos, reciban un atento saludo,

CAVIEDES, S.L.   Elche, 27 de mayo de 19..
Paseo de la Habana, 45, 4ª C
MADRID – 10

Señores:

Acusamos recibo de su atta. del día 25 del actual que agradecemos.

Sentimos tener que comunicarles que los precios que les cotizamos en nuestra oferta del día 12 de los corrientes, se refieren a pedidos de más de 500 unidades. Teniendo en cuenta las cantidades que Vds. desean, solamente podremos servírselas bajo las condiciones siguientes:

250 muñecas 'Lady Sally', con extras, a 1.200 pesetas cada una
425 muñecos 'Matador', sin extras, a 300 pesetas cada uno
300 coches-miniatura 'Seatón-127' a 125 pesetas cada uno, consignados a porte pagado por f.c.g.v.

Entrega a 20 días fecha recepción pedido.

44

Les agradeceremos se sirvan confirmarnos su pedido en estas nuevas condiciones y les aseguramos que pondremos todo cuanto sea necesario por nuestra parte para darles entera satisfacción en su orden.

En espera de sus noticias, quedamos de Vds. ss. ss. ss.,

EDITORIAL ORA   12 de agosto de 19 . .
Gran Vía, 58 a 62
MADRID – 12

Señores:

Tenemos el gusto de dirigirnos de nuevo a Vds. en relación con nuestro pedido núm. 25031 de fecha 9 de julio ppdo.

Hemos recibido nota de otros varios Colegios indicándonos que han incluído algunos de los libros objeto de nuestro pedido en sus programas de estudios y que por tanto recomendarán su compra a los estudiantes de las licenciaturas de Lengua y Literatura Españolas.

Esto significa que vamos a necesitar más ejemplares que los anteriormente previstos y, por este motivo, les agradeceremos se sirvan rectificar la citada orden como sigue:

70 ejemplares de 'Obra Poética' de Jorge Guillén (en lugar de 50)

100 ejemplares de 'Antología de la Poesía Hispanoamericana', Selección de José Olivio Jiménez (en lugar de 60)

75 ejemplares de 'Poesía' de Pedro Salinas (en lugar de 50)

130 ejemplares de 'Antología Poética' de Vicente Aleixandre (en lugar de 60)

150 ejemplares de 'Antología de Poesía actual', Selección de Rafael Gómez (en lugar de 50)

El resto del pedido no sufre alteración alguna.

Esperamos que, a pesar del corto espacio de tiempo que queda para la fecha acordada de entrega del pedido, puedan Vds. incluir en su despacho esta orden adicional.

En espera de sus gratas noticias, atentamente les saludan,

BURTON BOOKSHOPS

A. R. Blair

Madrid, 16 de agosto de 19 . .
33 Grampian Place
<u>LONDRES</u> S.W. 12

Estimados señores:

Agradecemos su carta del día 12 del corriente y tenemos el gusto de comunicarles que hemos rectificado su pedido aumentando el número de ejemplares indicado por Vds.

No obstante, lamentamos profundamente tener que informarles que no podremos servir los ejemplares adicionales en la misma fecha que la acordada para su pedido original del 9 de julio, debido a que prácticamente la totalidad del personal se encuentra de vacaciones durante este mes de agosto.

El pedido del 9 de julio será servido en la fecha acordada pero el adicional no podrá ser despachado hasta el día 10 de septiembre cuando todo el personal se haya reincorporado y esta Editorial haya reanudado el trabajo a pleno rendimiento.

Esperamos sepan comprender estas circunstancias y aprovechamos la ocasión para reiterarles el testimonio de nuestra mejor consideración.

Ejercicio 1

Traducir al español la siguiente carta:

Dear Sirs,

    <u>Your order No. 2241 for 10 Electric Motors type E.43/M</u>

With reference to the above order, we regret to have to inform you that, unfortunately, we will not be able to deliver the five motors by the date mentioned in our letter of 2nd January.

A small fire has damaged one of our workshops and, although the damage to our machinery was not too serious, it will hold up our production for some time. However, we estimate that delivery of your order will only be delayed by about three weeks at the most.

We apologise for this delay and assure you that we will do everything to dispatch your order by the earliest possible date.

Yours faithfully,

J. D. S. Burnes
Production Manager

Ejercicio 2

Reply to the above letter in Spanish, pointing out that such a delay would be most inconvenient at this time. Moreover, if the motors do not arrive by the agreed date, it will be necessary to cancel the order. Sign the letter, Joaquín Ortega.

Ejercicio 3

Write a telephone dialogue in Spanish between Mr. J. D. S. Burnes and J. Ortega. Mr. Burnes tries to extend the delivery period as much as possible. Sr. Ortega explains the new motors are needed for the production of an urgent order. They finally agree on March 10th as the delivery date.

Ejercicio 4

Traducir al español la siguiente carta:

Dear Mr. Roberts,

Thank you for your order of the 16th of this month.

We are pleased to be able to inform you that we have today dispatched copies of six of the works you requested.

Unfortunately, two of the works you require – 'The Economy of Spain since the Second World War' by Rodríguez and 'Spain, a country of contrasts' by Paz Muñoz – are at present out of print and we do not yet know when they will be printed again.

In the meantime, we are enclosing our catalogue including information about all the volumes we publish on Economics.

Yours sincerely,
EDITORIAL HELICE

Juan Echegaray

ENC.

Consignaciones y facturas

BURTON BOOKSHOPS
33 Grampian Place
LONDON S.W.12

7 de septiembre de 19 . .

Señores:

Tenemos el gusto de anunciarles la facturación de los libros objeto de su pedido núm. 25031-B con fecha de ayer.

Como pueden Vds. comprobar nos ha sido posible expedir su grata orden con cuatro fechas de adelanto gracias a la cooperación de los operarios de la imprenta y personal de facturación quienes están haciendo horas extraordinarias para conseguir la rápida cumplimentación de los pedidos acumulados durante el período de vacaciones.

Acompañamos a la presente talón justificante de la facturación por ferrocarril y factura comercial por duplicado. Tal como acordamos hemos cargado a su cuenta los gastos de expedición por f.c.g.v.

Confiando haberles complacido, les saluda muy atentamente,

EDITORIAL ORA

N. Moreno

Anexos:
1 Talón de facturación
1 Factura comercial por duplicado

EDITORIAL 'ORA', S.A. EDICIONES Y DISTRIBUCIONES
C/. Milán, nº 56 – Tel. 200 00 45 – Apdo. 9107 Madrid – 17

S/ Pedido ...25031-B..... Destinatario .BURTON BOOKSHOPS.
Forma envío ...f.c.g.v..... Dirección .33 GRAMPIAN PLACE..
Forma pago .transferencia.. ...LONDON S.W. 12....

Hoja nº	Cuenta	Fecha	Factura	Dto.
1	1239998163	7–9–19..	13162276	2% –

Nº Ejs.	Código	Precio unidad	Título	Importe
20	11114968	150,––	OBRA POETICA GUILLEN	3.000,00
40	11122193	250,––	ANTOLOGIA HISPANO-AMERICANA	10.000,00
25	11115643	125,––	POESIA SALINAS	3.125,00
70	11118751	150,––	POETICA ALEIXANDRE	10.500,00
100	11135760	200,––	POESIA ACTUAL	20.000,00
			TOTAL	46.625,00
			Gastos facturación	2.483,00
				49.108,00
			2% descuento	982,15
			Total general	48.125,85

Confecciones COLMENARES   14 de diciembre de 19..
Paseo Príncipe Felipe, 67 y 69
ZARAGOZA – 7

Asunto: S/ pedido núm. 4265 de fecha 24–10–19..

Señores:
   Tenemos el gusto de anunciarles la facturación de 25.000 etiquetas publicitarias de su pedido de referencia.
   El retraso en la ejecución de este pedido se debe a un conflicto laboral que paralizó nuestros talleres de impresión.
   Aunque la huelga no se ha resuelto aún totalmente, parte de nuestros empleados se reincorporaron al trabajo el pasado lunes y como consecuencia hemos podido reanudar el despacho de algunos pedidos más urgentes. Por desgracia nuestros talleres no están funcionando a pleno rendimiento debido a la parcial reanudación de actividad y no podemos darles una fecha fija para el envío del resto de su pedido. No obstante calculamos que estaremos en condiciones de completar su grato pedido dentro de unas tres semanas como máximo.
   Confiamos que la prontitud con que hemos venido sirviéndoles en el pasado les predispondrá a tomar en consideración estas dificultades que estamos atravesando y seguir confiándonos sus gratos pedidos.
   Acompañamos a la presente nota de facturación por Transportes Terrestres, S.L. y factura comercial.
   Manifestándoles de nuevo nuestra mejor consideración y confiando en que sepan disculpar esta demora por las circunstancias aludidas, les saludan muy attmte.,

ARTES GRAFICAS LOSAGA

J. del Arco

Cía. de Transportes Duque Soler, s.l.   18 de octubre de 19..
Avenida de Europa, 28, 4º C.
VIGO (Pontevedra)

Asunto: Envío a Motor Ibérica de Toledo

Señores:
El cliente mencionado arriba nos comunica en carta del 10 de los corrientes que con esa misma fecha les remitió a Vds. copia del pedido núm. 35047 de fecha 26 del ppdo. que dirigió a esta casa por 50 máquinas 'Andex'.

Las máquinas fueron embarcadas ayer en el puerto de Liverpool y, salvo demoras, deberán estar disponibles para recogida en la zona franca del puerto de Vigo a partir del próximo día 26. Por consiguiente les agradeceremos se sirvan encargarse de cumplimentar los trámites de recogida de la mercancía y transportarla a Toledo para entrega a nuestro cliente.

A tal efecto adjunto tenemos el gusto de acompañarles conocimiento de embarque, factura comercial así como documentación con detalles de los dos contenedores en que viajan las citadas máquinas.

Como quiera que Motor Ibérica tiene necesidad de la mercancía a la mayor brevedad posible, les manifestamos la urgencia del transporte y les rogamos se sirvan acelerar los trámites aduaneros en lo que sea posible.

Atentamente les saluda,

R. Cobden

Anexos: 1 Conocimiento de embarque
        1 Factura
        1 Nota de contenedores

Extracto de la factura de referencia:
50 máquinas 'Andex F-34' a 15.000 pesetas cada Ptas. 750.000
50% seguro de transporte, 10% valor mercancía Ptas. 37.500
Gastos transporte Liverpool–Vigo ....Ptas. 17.200

                                 Total   Ptas. 804.700

Ejercicio 1
Draw up the covering invoice for the machines mentioned in the previous letter.

Ejercicio 2
Traducir al español la siguiente carta:

Sr. D. Pedro Carlos Lereña   15th November, 19 . .
Matamoros, 26, 4ª
CORDOBA
Spain

Dear Mr. Lereña,
         Your order of 7th November, 19 . .

We enclose our invoice No. PS/GB/11 for the two 'Great Britain' stamp albums together with various sets of British Commemorative stamps ordered by you on your visit.

The parcel has been dispatched to you this morning by registered post and should reach you within the next few days.

We also enclose our latest brochure of British stamps available from our extensive stock.

                  Yours sincerely,

                  Herbert Murray

ENCS.

Ejercicio 3
Draw up the covering invoice for the goods mentioned in the above letter. The albums cost £7.00 each, and the sets of stamps come to £25.00.

52

Ejercicio 4

Traducir al español la siguiente carta:

Sra. M. T. Bellot de Garibay   1st December, 19..
Boutique Bellot
Avenida del Cid, 234
VALLADOLID

Dear Madam,

We are pleased to inform you that your order of Irish Linen goods which you placed with us on the 20th November is now ready for shipment.

As you will see from the attached invoice, the price is rather higher than was anticipated. The manufacturers have had to make this increase because of the rising cost of labour and raw materials.

We look forward to hearing from you in the near future.

Yours sincerely,

Reclamaciones

ELECTRON S.A.
Rambla de Cataluña, 67, 6º Izqda
BARCELONA – 3

23 de junio de 19 . .

Asunto: N/ pedido núm. 726 de 16–5–19 . .

Muy Sres. nuestros:

Acabamos de recibir su envío de calculadoras de bolsillo.

Lamentamos tener que informarles que ha habido un error en la consignación del pedido de referencia. En nuestra carta del 16 de mayo, y en la suya de confirmación del día 21 del mismo mes, el pedido aparecía como sigue:

175 calculadoras de bolsillo, modelo SR-56

250 calculadoras de bolsillo, modelo TI-41

Sin embargo su consignación, que ha llegado en perfectas condiciones de embalaje y en la fecha prevista, incluye 250 calculadoras de un modelo diferente al solicitado por nosotros, el TE-51.

En consecuencia les rogamos el envío urgente de las 250 calculadoras TI-41 de nuestro pedido y esperamos sus instrucciones respecto al destino de las del modelo enviado por error.

No obstante esta Compañía está dispuesta a hacerse cargo de las calculadoras TE-51 para evitarles gastos de devolución, siempre que Vds. estén de acuerdo en extender el pago acumulado de los tres tipos de calculadoras a 90 días en lugar de los 30 días previamente acordados.

En espera de sus noticias, atentamente les saluda,

ALMACENES ROYAL

P.P.

J. J. Ripoll
Sección de Ventas

CLIFCO
Máquinas y Accesorios de Oficina
Gran Vía, 32, 2ª Dcha
MADRID – 2

13 de noviembre de 19 . .

Asunto: N/ pedido de 4 máquinas fotocopiadoras 'Copymil' de 22 de septiembre último

Muy Sres. míos:

Les reitero mis comunicaciones de fechas 10 y 29 de octubre ppdo. así como la conversación telefónica que mantuve el día 2 del actual con el Sr. Díaz de esa compañía.

Francamente me encuentro sorprendido en extremo de que Vds. no sólo no hayan contestado a ninguna de mis dos cartas, sino que tampoco hayan tomado en consideración mi llamada. En la conversación que por teléfono tuve con el Sr. Díaz, éste me aseguró que las fotocopiadoras serían despachadas en cuestión de 8 ó 9 días, pero no pude conseguir que este señor fijara una fecha concreta para el envío. Aún ahora desconozco si la remesa está o no preparada para su expedición.

Ya les he insistido varias veces que necesito urgentemente las máquinas y si, como parece, no puedo confiar en sus promesas me veré obligado a cancelar el pedido y recurrir a la competencia.

Por tanto les ruego se sirvan comunicarme telegráficamente la fecha precisa de entrega de las máquinas objeto de esta nueva reclamación.

Caso de no recibir noticias en los próximos tres días consideren cancelado mi pedido.

Atentamente,
VELASCO Y GARRIN, S.L.

A. Mellado
Director General

Texto del telegrama de respuesta:
LAMENTAMOS DEMORA STOP ASEGURAMOS EXPEDICION LUNES DIA 17 SALUDOS CLIFCO DIAZ

FIBRASOL, S.A.
Plaza de Cataluña, 27, 1º
BARCELONA – 11
Zaragoza, 6 de noviembre de 19 . .

Asunto: S/ envío No. 563 de fecha 3 de los ctes.

Señores:
   Acabo de recibir su envío de referencia que corresponde al pedido de géneros de punto que con carácter urgente les pasé el 10 de septiembre.

Debo manifestarles que la recepción de este pedido casi dos meses después de pasarles la orden, que repito tenía carácter urgente, me pone en una situación muy violenta, puesto que si lo acepto con tanto retraso, lejos de producirme un razonable margen de ganancia, me supondría sin duda pérdidas considerables tal como paso a explicarles.

   La urgencia de mi pedido de septiembre y el hecho de no recibir noticias de parte de Vds. me convencieron de que no podían servirlo en el plazo señalado en mi carta, por tanto recurrí a otro proveedor que cumplimentó la orden inmediatamente. Esta es la causa de que me encuentre en la actualidad suficientemente surtido de los géneros enviados por Vds. y como no tengo mercado suficiente para darles salida dentro de la presente temporada de invierno, me parece que la única solución es devolverles las mercancías, cosa que acabo de hacer por mediación del mismo transportista y a porte debido.

   Lamento muy de veras no poder aceptar los géneros, pero espero sepan comprender que mi pedido les fue solicitado para servirlo con mayor celeridad de la que Vds. lo han hecho.

Atentamente,

L. Granell

Sres. Losada e Hijos, S.L.   5 de abril de 19..
Carretera de Barcelona, KM. 11,200
MADRID – 22
_____

Muy Sres. nuestros:
Acusamos recibo de su atta. del dia 1º del actual así como de su factura nº 73/604 correspondiente a la consignación de 50 lavadoras automáticas RUGESA que Vds. nos enviaron de acuerdo con nuestra nota de pedido.

Hemos quedado desagradablemente sorprendidos al recibir su envío y comprobar que todas las lavadoras son de un modelo único, el RUGESA ST500, cuando nuestro pedido del pasado 15 de marzo claramente especificaba:

    40 lavadoras automáticas RUGESA modelo RG350
    10 lavadoras automáticas RUGESA ST500

Este error nos hace correr el riesgo de perder unos clientes con los que ya teníamos apalabrada la venta de las lavadoras. Como se trata, sin duda de un error de su departamento de expedición, les agradeceremos que, en interés de las buenas relaciones comerciales que venimos manteniendo entre las dos casas, se sirvan adoptar las medidas pertinentes para corregirlo a la mayor brevedad posible.

Esperamos que Vds. se harán cargo de los gastos de transporte y seguro de las lavadoras enviadas por error si es que desean que nos encarguemos de su devolución. En cualquier caso les agradeceremos nos den instrucciones al respecto.

Confiamos que podrán darse cuenta de lo fundado de esta reclamación y con el ruego de que nos hagan saber su decisión e instrucciones a vuelta de correo, les saludamos muy atentamente,

H. Barrenechea

Sr. D. Peter J. Wyatt   24 de febrero de 19 . .
Director Gerente de
CONTINENTAL EXPORTS, LTD.
165 Garston Street
BIRMINGHAM

Asunto: N/ pedido 266 de 7 de diciembre de 19 . .

Muy Sr. mío:
   Me refiero al pedido arriba reseñado y a su carta de confirmación de fecha 15 del pasado diciembre.
   En su carta me aseguraba Vd. que el contrato y documentos
adicionales del pedido de referencia serían enviados no más tarde
de mediados de enero. Ha transcurrido tiempo suficiente para que
esos papeles obraran ya en mi poder y hasta la fecha no los he
recibido.
   No puedo ocultarle mi preocupación por esta demora cuya
causa no acierto a entender, ya que no he tenido noticia alguna al
respecto, y me permito reiterarle la necesidad de que las máquinas
estén aquí en la fecha acordada. Mi temor es que esta demora en la
recepción de los documentos pueda significar también demora en
el envío de la mercancía. Le recuerdo que, siempre de acuerdo con
su carta de confirmación, Vds. se comprometieron a entregar la
maquinaria para el día 15 de marzo y esta compañía no está
dispuesta a alterar la fecha de entrega si no existen causas de
fuerza mayor.
   Le agradeceré se sirva confirmarnos a la mayor brevedad
posible que los documentos están ya en camino o van a ser
enviados de forma inmediata. Al mismo tiempo le ruego nos
indique el nombre de la compañía de seguros con la que asegura-
rán el transporte de la mercancía.
   Confiando en que prestará atención inmediata a este asunto, le
saluda attmte.,

                            R. Carbonell

Ejercicio 1
Draft a telegram from P. J. Wyatt to R. Carbonell in reply to the letter on page 58. State that the documents requested were sent off on the 13th January. However, a duplicate set is being dispatched under separate cover on the same day as the telegram.

Ejercicio 2
Write a telephone dialogue in Spanish between Mr. Wyatt and Sr. Carbonell based on the information given in the previous exercise.

Ejercicio 3
Write a letter in Spanish from E. Losada to H. Barrenechea in reply to the letter on page 57. Apologise for the error in the order. Inform Sr. Barrenechea that the unwanted washing machines will be collected before the weekend by TRANSPORTES FLECHA who will also deliver the required replacements. Costs will be assumed by Losada e Hijos and such an error will not occur again.

Ejercicio 4
Traducir al español la siguiente carta:

Blanco-Ríos e Hijos, S.A.   24th February, 19 . .
Cuesta de San Fermín, sin número
PAMPLONA

Dear Sirs,
    Unfortunately, we have received a number of complaints regarding your last consignment of furniture and, in particular, about the armchairs 'DE LUJO 3A' and '5B'; the leather, apparently, is not of the usual high quality and there are also some weaknesses in construction.
    In order to protect the good name of both our companies we have withdrawn the chairs and we will return them to you in the near future on the understanding that your company will assume transport and insurance costs.
    We shall be grateful if you will take note of the faults and supply us with replacements as soon as possible.

Yours faithfully,

Liquidación de cuentas: cartas de cobro y de reclamación de pago

Sr. D. José Pedregosa Nevot   25 de noviembre de 19..
Calle Mayor, 48
CORDOBA

Estimado Sr. Pedregosa:

Nos complace adjuntarle a la presente factura núm. 488 correspondiente a los géneros que con fecha de ayer le fueron remitidos por Transportes Ruiz de ésta, los cuales son parte del apreciado encargo que se sirvió Vd. confiar a nuestro viajante don Agustín Gómez, y cuyo importe líquido de PESETAS 49.938, – – anotamos en el debe de su estimada cuenta.

Como de costumbre, le rogamos su reposición dentro de los 30 días siguientes a esta fecha. Caso de no hacerlo libraremos una letra a su cargo con vencimiento a 8 días vista.

Agradeciéndole de antemano su buena acogida, cordialmente le saluda,

TALLERES ELECTROMECANICOS 'ROS'

E. Tinajero

TALLERES ELECTROMECANICOS 'ROS'   30 de noviembre de 19..
Avenida Mar, 146
BARCELONA – 14

Asunto: S/ factura núm. 488 del 25 de noviembre

Señores:

Acuso recibo de la factura arriba indicada relativa a la liquidación de parte de los géneros pedidos a través de su viajante, Sr. Gómez, con fecha del 2 de los corrientes.

Lamento tener que informarles, no obstante, que no puedo aceptar el importe de dicha factura puesto que según me comunicó el Sr. Gómez se me iba a hacer un descuento del 2% sobre el precio total de las mercancías. Hice el pedido correspondiente teniendo en cuenta esta oferta y ahora me sorprende, sin que pueda adivinar la causa, que me giren estos artículos sin descuento alguno.

Como estoy seguro que se trata de un error, hoy mismo he dado orden al Banco de Bilbao de esta plaza para que transfiera a su cuenta en el Banco Popular la cantidad de PTS. 48.939,24 como liquidación de la factura de referencia.

Atentamente les saluda,

ALMACENES CERBERO   Gijón, 15 de abril de 19.
Paseo de la Habana 7 a 11
MADRID – 5

Señores:

Nos es grato acusar recibo de su atta. del pasado día 10 y de su liquidación por PTAS. 350.000,–– que agradecemos.

Tenemos que manifestarles que según nuestros libros contables su apreciada cuenta arroja un saldo a nuestro favor de PTAS. 35.000,–– que seguidamente pasamos a detallar.

Nos permitimos recordarles que la oferta que les hicimos solamente era válida para pagos al contado o pedidos cuyo importe superara las 500.000 pesetas. El alza constante de los costes de las materias primas y de la mano de obra no nos permiten hacer el descuento del 10% y al mismo tiempo diferir el pago a 30 días. Como Vds. escogieron este último método de pago, automáticamente renunciaron al descuento según se especifica en nuestra nota de precios 39/85 que obra en su poder.

Lamentamos muy de veras, y esperamos comprendan, la imposibilidad de acceder a hacerles el descuento por causa de la circunstancia expuesta. Por tanto les agradeceremos se sirvan remitirnos el saldo indicado a su más pronta conveniencia.

Dándoles gracias anticipadas por su pronta atención, atte. les saludan,

DESTILERIAS ASTURES, S.A.

T. Miranda

Sres. Galán y Muñoz, s.c.   4 de agosto de 19..
Apartado de Correos, nº 132
MURCIA

Señores:
  Tenemos el gusto de dirigirnos a Vds. ya que desde hace
bastante tiempo no hemos recibido ningún pedido de esa
apreciada casa, cosa que nos sorprende pues hasta hace poco
venían Vds. pasándonos sus gratas órdenes con cierta regularidad.
Esto nos hace suponer que quizás nuestro último envío no haya
sido de su completo agrado.
  Por correo aparte nos hemos permitido enviarles nuestro nuevo
catálogo en la confianza de que no dejará de interesarles.
  Aprovechamos esta ocasión para recordarles que nuestra factura del 22 de junio pasado de Pts. 5.684,50 venció el 15 de julio
pasado sin que hasta la fecha hayamos recibido su importe.

Atentamente quedamos a su disposición,

MAQUIBERIA, S.A.

Dr. D. Mariano Marrón   Murcia, 6 de Agosto de 19..
Director de MAQUIBERIA, S.A.
Carretera de Irún, Km. 13.350 (Variante de Fuencarral)
MADRID – 26

Muy Sr. mío:
  Tengo el gusto de acusar recibo de su atta. del día 4 en la que
nos indicaba que el plazo de su última factura había vencido sin
que hubiéramos satisfecho su importe.
  Hemos comprobado nuestros libros contables y puedo
asegurarle que esta demora se ha debido a una omisión totalmente
involuntaria del departamento de contabilidad.
  Por desgracia sólo tenemos a un empleado trabajando en
contabilidad en este momento debido a la enfermedad del otro
empleado, para el que no hemos podido encontrar un sustituto
adecuado, y a la ausencia temporal del jefe de contabilidad por
motivos familiares graves.
  Aunque tenemos trabajando en contabilidad a personal no
especializado de otras secciones, este tipo de omisiones son

difíciles de evitar en las actuales circunstancias por lo que le ruego acepte nuestras más sinceras disculpas por esta tardanza ajena por completo a nuestros deseos.

Adjunto remito cheque por valor de la cantidad pendiente de Ptas. 5.284,50, cuyo importe espero se sirva abonar en nuestra cuenta.

Por otra parte he observado que en el nuevo catálogo y listas de precios incluyen Vds. una nota en el sentido de que para servir pedidos con pago a más de 30 días es necesario presentar dos avales bancarios en el momento de hacer el pedido. Le agradeceré me haga saber si esta condición se refiere a nuevos clientes o si afecta también a los antiguos.

Reciba un atento saludo de

Narciso Galán

Anexo: 1 cheque

Sr. D. Guillermo Sanz Sopena   6 de septiembre de 19 . .
Calle de San Francisco, 43, 2º
<u>CADIZ</u>

Muy Sr. nuestro:

Ponemos en su conocimiento que el Banco nos ha devuelto impagada nuestra letra a su cargo, vencimiento 30 de agosto ppdo., correspondiente a la factura nº 3567 de fecha 17 de julio cuyo importe de

Ptas.	15.695,30	cargamos en su cuenta, además de
Ptas.	38,45	en concepto de gastos de devolución
Total	15.733,75	(Quince mil setecientas treinta y tres con 75 cts.)

Para la liquidación de la mencionada cantidad nos hemos permitido extender y poner en circulación una nueva letra a 8 días vista, a la que esperamos se servirá dar su favorable acogida.

Aprovechamos la oportunidad para saludarle muy atentamente,

S. Tardá

Sr. D. Victoriano Romero   31 de mayo de 19..
Alta, 54
<u>UTRERA</u> (Sevilla)

Muy Sr. nuestro:

Acusamos recibo de su carta del día 26 así como de su transferencia por Pts. 25.000,--.

Tal como solicitaba en su carta de nuevo le adjuntamos un extracto de su cuenta en la que notará que le hemos abonado su remesa de 25.000 pts.

Por lo que respecta a la liquidación del resto del saldo a nuestro favor lamentamos con toda sinceridad las dificultades que Vd. alude. Nos hacemos cargo de sus razones, pero nos vemos en la necesidad de reclamar el pago de las cantidades que se nos adeudan ya que también nosotros tenemos que hacer frente a los compromisos de pago contraídos.

Como Vd. podrá comprobar aún quedan pendientes de pago 150.000 pesetas y en consideración a nuestras pasadas relaciones comerciales nos sería muy penoso tener que recurrir a medidas extremas. Como caso excepcional estamos dispuestos a diferir los pagos en 10 mensualidades de 15.000 pts. cada una, para lo cual le giraríamos 10 letras con vencimiento al 30 de cada mes.

Confiamos que este arreglo, que supone un gran esfuerzo por nuestra parte, será aceptado por Vd. En caso de que no recibamos su consentimiento en los próximos ocho días, aún sintiéndolo mucho, nos veremos en la desagradable situación de tener que pasar el asunto a un abogado para que proceda al cobro por vía judicial.

Atentamente le saluda,

E. Martínez

Anexo: Extracto de cuenta

Ejercicio 1

Traducir al español la siguiente carta:

Dear Sirs,

 With reference to your order for twelve portable typewriters with international keyboards, we are pleased to inform you they are now packed and ready for despatch.

 However, before we despatch this order we feel we should remind you that we still have not received payment of PTAS. 25.000 to cover our invoice Nº B.452 for one 'Supreme' electric typewriter with long carriage and international keyboard.

 As soon as we receive the above remittance we shall forward your latest order.

Yours faithfully,

Ejercicio 2

Reply to the above letter apologising for the delay. Payment had not been made earlier because the invoice had been incorrectly filed and, consequently, overlooked. A cheque for the full amount is attached, and you look forward to receiving the 12 portable typewriters soon. Signed Felipe Iñigo, Chief Accountant.

Ejercicio 3

Traducir al español la siguiente carta:

Sra. C. Huidobro de García   23 de febrero de 19..
Avda. Giner de los Ríos, 295, 5º dcha
TARRAGONA

Dear Madam,

Account No. 2432698

 We should like to draw your attention to the above account of 19th December, which has still not been settled.

 Since you usually settle your accounts with us so promptly, we feel sure you have accidentally overlooked it.

 We look forward to hearing from you in the near future.

Yours faithfully,

Informes comerciales

Sr. Director del Banco Mediterráneo   18 de julio de 19. .
Lepanto, 11
GERONA

Muy Sr. nuestro:
   Le agradeceremos tenga a bien facilitarnos, lo más pronto que le sea posible, información acerca de la solvencia, capital y reputación de la firma cuyo nombre se indica en el boletín anexo.
   Estamos a punto de cerrar un contrato con la firma de referencia para la venta de mercancías por valor de 225.000 pts. y nos solicitan pagos aplazados a 30, 60 y 90 días. Antes de comprometernos en firme desearíamos obtener información en el sentido de si sería oportuno y aconsejable acceder a esa demanda.
   No hace falta decirle que trataremos cuantos informes nos facilite con estricta confidencialidad y sin que ello represente compromiso alguno por su parte.
   Aprovechamos esta oportunidad para ofrecernos en correspondencia para lo que guste mandar.
   Con gracias anticipadas, le saluda muy atentamente,

Bárbara Cortadellas

Anexo: Volante de Informes

Srta. Dª Bárbara Cortadellas   20 de julio de 19. .
Departamento de Ventas
Laboratorios Argos
Vía Layetana, 65, 4º
BARCELONA – 5

Estimada Srta. Cortadellas:
   Me apresuro a contestar a su atto. escrito para informarle que la casa 'Roca, s.a.' goza de un sólido prestigio y excelente reputación en esta plaza. Esta firma lleva establecida más de 25 años y en todo ese tiempo siempre ha cumplido sus compromisos con absoluta seriedad y puntualmente.

En mi opinión no existe riesgo alguno en acceder a la operación de crédito solicitada por esta compañía.

Celebrando haber podido serle de utilidad, atentamente le saluda,

BANCO MEDITERRANEO

N. Ribas

Srta. Bárbara Cortadellas   20 de julio de 19..
Laboratorios Argos
Vía Layetana, 65, 4ª
BARCELONA – 5

Distinguida Señorita:

Correspondo a su atta. del día 18 de los corrientes.

Lamento que, a causa de las circunstancias que a continuación le expongo, no puedo darle una respuesta precisa sobre la casa que indica en su escrito.

Esa casa lleva relativamente poco tiempo establecida en esta plaza y según se dice su capital no es muy elevado. Las operaciones que efectúa no parecen ser de gran volumen. También parece que ha tenido recientemente problemas con los dependientes de la tienda a causa de los bajos sueldos que éstos perciben.

Sin embargo otras fuentes de información me aseguran que, dentro de sus limitaciones financieras, esa firma cumple sus compromisos y, desde luego, no sabemos de que ningún Banco de esta localidad haya tenido que protestarles ninguna letra a su cargo.

Por estas razones me veo en la imposibilidad de aconsejarle sobre la conveniencia de acceder al crédito solicitado.

Confiando que en otra ocasión podré facilitarle informes con mayor precisión, atentamente le saluda,

N. Ribas

Srta. B. Cortadellas,   20 de julio de 19 . .
Laboratorios Argos
Vía Layetana, 65, 4º
BARCELONA – 5

Estimada Señorita:
Acuso recibo de su carta del 18 de los corrientes.

Me veo en la necesidad de dar unos informes bastante desfavorables de la casa que me indicaba en su carta y cuyos detalles le expongo a continuación:

Antecedentes: Esta sociedad se estableció como sociedad anónima en esta plaza en 1960, como resultado de la fusión de dos antiguas compañías del mismo ramo, con dos socios mayoritarios, los propietarios de ambas. Hace unos años, al fallecimiento de uno de los socios mayoritarios, los herederos de éste introdujeron nuevos métodos, no siempre moralmente justificables, en la gestión de la empresa lo cual dio lugar a serias disensiones con el otro socio y con el reducido Consejo de Administración. Este enfrentamiento aún no parece resuelto.

Negocio: Lo constituyen unos grandes almacenes en el centro de la ciudad y tres tiendas sucursales en otras partes de la ciudad.

Situación financiera: Inestable. Varias operaciones, claramente especulativas, han tenido poco éxito. Se rumoreó el año pasado que la compañía iba a solicitar expediente de crisis, aunque el rumor no se vio confirmado.

Reputación: Ha sufrido altibajos, pero la impresión más generalizada no es favorable.

Garantías: El capital social asciende a unos ocho millones de pesetas, pero se dice que tienen cuantiosas deudas en créditos a largo plazo.

Solvencia: Hasta la presente parecen haber hecho frente a sus obligaciones. No se tienen noticias de protestos pero sí de extensiones de plazos de pago.

Espero se sirva tratar esta información como confidencial y sin garantías ni compromiso alguno por mi parte.

Atentamente,

N. Ribas

Ejercicio 1
Traducir al español la siguiente carta:

The Chief Accountant   15th August, 19 . .
Díaz y San Marcos, S.L.
Plaza de los Angeles, 24–26
VALENCIA – 12

Dear Sir,

   Tavares y Raffo, S.A., have recently placed an order with us for agricultural machinery to the value of £45,000 and have given us your name as a trade reference.

   Will you kindly inform us whether in your opinion they are a reliable and trustworthy company.

   We shall, of course, treat any information supplied by you in the strictest confidence.

                         Yours faithfully,
                    J. G. MATTHESON & CO.

                         P. Mattheson
                         Export Manager

Ejercicio 2
Reply to the above letter stating that your company has had dealings with Tavares y Raffo, S.A., for many years and throughout that time you have always found them completely trustworthy and reliable. Moreover, although you cannot guarantee it, you feel sure that the sum mentioned would not stretch them financially.

Ejercicio 3
In reply to an enquiry regarding the standing of the company FARMACEUTICOS BARCA, state that you are surprised they have named your company as a referee since you have had few dealings with them, and while they have never caused you any concern you do not feel able to help in this matter.

Agencias y representaciones

Sr. D. Bienvenido Espinosa   23 de febrero de 19 . .
Fábrica de Encajes 'Espinosa'
San Matías, 24
CIUDAD REAL

Muy Sr. mío:

Desde hace bastante años me dedico a viajar por las provincias del centro y norte de España como representante de varias casas productoras de mercería, lencería y encajes. Me acabo de enterar de la reciente inauguración de su fábrica de encajes y me apresuro a ofrecerle mis servicios de representación de sus encajes en las zonas indicadas arriba.

Adjunto me permito acompañar cartas de recomendación y otros documentos que sin duda le ayudarán a considerar mi solicitud. Puedo asegurarle que, dados mis muchos años de experiencia y mi profundo conocimiento del mercado, le proporcionaré ventas considerables.

Mucho le agradecería que, en caso de que le interesen mis servicios, se sirva remitirme información sobre comisiones y gastos de representación así como fijar una fecha aproximada para que le haga una visita.

En espera de su respuesta me complace saludarle atentamente,

Alfonso Márquez

Sr. D. Carlos Perálvarez   14 de junio de 19..
Agente Comercial
Alcalá, 44, 5ª Izqda
<u>MADRID</u> – 11

Asunto: Representación exclusiva para España

Muy Sr. nuestro:

Tenemos el gusto de acusar recibo de su carta del 5 del actual cuyo contenido ha merecido nuestra mejor consideración. Hoy mismo, y por correo certificado, le hemos devuelto la documentación que adjuntaba.

Nos complace poner en su conocimiento que estamos dispuestos a confiarle la representación exclusiva de nuestros productos bajo las condiciones que a continuación le expongo.

La comisión, la misma que ofrecemos a nuestros representantes en el extranjero, es del 5 por ciento sobre el total de las ventas que realicemos por mediación de Vd. Con relativa frecuencia deberá Vd. desplazarse a ciertas provincias donde residan firmas con las que nos interese estrechar las relaciones comerciales. En estos viajes recibirá Vd. dietas por día de desplazamiento y los gastos de representación le serán abonados mediante justificante de los mismos.

Cada tres meses deberá Vd. remitir a esta central las liquidaciones correspondientes a las transacciones efectuadas de las que deberá Vd. descontar sus comisiones y otros gastos previamente aprobados por esta compañía.

En lo que respecta a publicidad todos los gastos correrán a nuestro cargo. Normalmente el material publicitario le será remitido ya impreso desde aquí, aunque será responsabilidad suya la versión española de toda la propaganda que también utilizaremos para nuestros representantes en Latinoamérica.

En espera de que estas condiciones le sean aceptables, le saludamos muy atentamente,

Airmark Engineering Co.,

The Airmark Engineering Co.   20 de junio de 19..
Beacon Industrial Estate
Station Road
WALSALL, West Midlands
(Inglaterra)

Muy Sres. míos:

Me es grato acusar recibo de su carta del día 14 de los ctes., así como de los documentos que enviaron certificados y cuya pronta reexpedición agradezco.

Por lo que respecta a las condiciones de representación expuestas en su carta me satisface informarles que estoy de acuerdo en lo tocante a comisiones, viajes de representación y liquidaciones trimestrales.

En cuanto a la publicidad me comprometo a redactar los textos en español y espero que Vds. me envíen la información en inglés para mantener las mismas líneas generales y adaptarlos al mercado español. Como poseo amplios conocimientos de los mercados hispanoamericanos podré también escribir versiones ligeramente retocadas para aquellos mercados.

Sin embargo me permito desde ahora sugerir que la publicidad destinada a España, y dentro de ella a las regiones catalana, vasca y gallega, sea redactada, además de en castellano, en las respectivas lenguas regionales, no sólo para hacer nuestra publicidad mucho más atractiva, sino también para ponernos en línea con las actuales circunstancias españolas.

Confío que, puesto que estamos de acuerdo en los detalles más importantes de la representación, podremos proceder a la redacción y firma del contrato.

Atentamente les saluda,

C. Perálvarez

Agencia Latinoamericana 'MACHU PICHU' 15 de abril de 19..
Sección de Representaciones
Avenida del Inca Garcilaso, 1124
<u>LIMA</u> (Perú)

Muy Sres. nuestros:

La Cámara Peruana de Industria y Comercio nos ha comunicado la reciente incorporación de esa firma al sector de representaciones para América Latina.

Nosotros estamos buscando en la actualidad a alguien que nos represente en esa zona. La persona o compañía elegida deberá viajar frecuentemente o tener ramificaciones en la América del Sur, principalmente la de habla hispánica, ser emprendedora y estar dispuesta a lanzar y establecer nuestros productos en el mercado americano.

Según nuestras noticias Vds. gozan de excelentes relaciones comerciales con grandes almacenes y tiendas especializadas de varios países y por consiguiente nos complacemos en ofrecerles formalmente la representación de esta compañía para el conjunto de América del Sur. Si esta propuesta les interesa, les agradeceremos nos lo hagan saber lo más rápidamente posible. En caso afirmativo nos apresuraremos a remitirles las muestras que Vds. tengan a bien indicarnos como más apropiadas.

Con esta misma fecha les enviamos, por correo aparte, nuestro último catálogo.

Por otra parte nos permitimos recordarles que somos uno de los principales fabricantes de calzado de España y que exportamos grandes cantidades a los Estados Unidos y a Europa. Creemos sinceramente que estamos en condiciones de competir con los productos de otros países en condiciones ventajosas. Todos nuestros zapatos son de un acabado de artesanía y cubrimos todas las variedades del mercado a unos precios que, como podrán comprobar, son altamente competitivos.

El porcentaje de comisión será del 10% sobre la cantidad total de ventas realizadas y dada la calidad de nuestros calzados no tendrán Vds. dificultades en la colocación de considerables cantidades. Con este objeto les enviaremos todos los folletos publicitarios que deseen.

En espera de sus noticias, que confiamos contengan una respuesta favorable, quedamos de Vds. atentos, ss. ss.

Ejercicio 1

Traducir al español la siguiente carta:

Dr. Vicente Gil Mendoza   17th July, 19 . .
The Manager
INTERBANCO-ESPAÑA, LTD.
Avenida Victoria Eugenia, 1333
MADRID – 5

Dear Dr. Gil,

   This company produces a wide range of high-quality cosmetics and toiletries. Over recent years our products have enjoyed a growing success in Spain and our Board of Directors now believe the time has come to extend our share of the market.

   Accordingly, we are looking for agents to develop our trading interests in Spain. We should prefer a person or company which already has a well-established sales network and, if possible, with some experience in our field.

   The British Chamber of Commerce in your city has kindly given us your name and we should be grateful if you would recommend a reliable agent to us.

   Thank you in advance for your help in this matter.

                            Yours sincerely,

                            James Slattery

Ejercicio 2

Traducir al español la siguiente carta:

Mr. J. Slattery   24th July, 19 . .
NEW MOOD, LTD.
32 Cross Street
NETHERHAM
West Midlands
Inglaterra

Dear Sir,

Dr. Vicente Gil Mendoza of Interbanco-España has contacted us to inform us that you are looking for agents to promote your products here in Spain.

We are already acquainted with the lines you have marketed here so far and agree they have considerable potential in the Spanish market. As a result, subject of course to a satisfactory agreement on terms and conditions, we should be pleased to represent you in this country.

With more than 25 years' experience as agents we have acquired a thorough knowledge of the market and have developed valuable links with a wide variety of outlets, not only in all the regions of peninsular Spain but also in the Balearic and Canary Islands.

Naturally, before we can commit ourselves definitely we shall need to consider your proposals regarding commission, terms of payment, etc.

We look forward to hearing from you in the very near future.

Yours faithfully,

Enrique Ibáñez

Ejercicio 3

Reply to the previous letter stating that the commission you normally pay to agents abroad is 5% of the F.O.B. value of the goods shipped. However, before contract is signed you would like to pay a visit to Mr. Ibáñez, say, in the first week of August.

Fletes: carga aérea y contenedores

Carta circular

Estimado Sr. Director:
Usted es un importante exportador de zapatos y, como tal, conoce perfectamente la fugacidad de la moda. Esta cambia casi de la noche a la mañana y por su propia naturaleza es efímera y caprichosa, por eso Vd., una vez que ha concertado un negocio, tiene muy en cuenta este factor y no puede perder tiempo. Nosotros le ofrecemos un método todavía más rápido de transporte seguro y eficaz.

El transporte aéreo ya no es sólo rápido en el cielo, también lo es en tierra desde que existen las terminales automatizadas. Y nuestra compañía cuenta con varias de estas terminales en los aeropuertos y ciudades más importantes.

Con todo ésto se ahorra tiempo y, como dicen los americanos, 'el tiempo es dinero'. Nosotros añadimos que si los productos llegan a su destino enseguida, su capital no pasa largo tiempo viajando. Y ésto es importante si se tiene en cuenta el precio del dinero y las fluctuaciones monetarias. Si a todo ésto Vd. agrega la reducción de costos por embalaje, almacenamiento y seguro, comprobará por qué el transporte aéreo resulta cada día más rentable.

Nuestra compañía puede transportar todos sus productos con todas estas ventajas y otra más que ninguna otra compañía puede ofrecerle: somos los únicos que volamos semanalmente a veinte países americanos.

Para ayudarle en su decisión adjunto tenemos el gusto de acompañarle un folleto explicativo con varios ejemplos de cálculo de costes a varios países de América.

Si, como esperamos, Vd. se decide a hacer uso de nuestros servicios, la sección de Cargo de esta compañía le ofrecerá toda la información adicional que precise. Vd. encontrará que nuestro personal se hará inmediatamente cargo de sus necesidades y le desbrozará el camino hacia los mercados deseados. También puede ponerse en contacto, si así lo prefiere, con cualquiera de los 189 agentes autorizados de Carga Aérea cuya lista nos complacemos en adjuntarle.

En la confianza de poder contarle en un próximo futuro entre los usuarios regulares de este servicio del comercio dinámico y moderno,

Atentamente le saluda,

Anexo: 1 folleto

15 de mayo de 19. .

INTERINSA
Agencia de Carga Aérea
Barón de Cárcer, 17
VALENCIA –3

Muy Sres. míos:

Dentro de unos días esta compañía tiene que enviar una consignación de figuras de porcelana a uno de nuestros clientes de Tucumán (República Argentina).

A causa de la fragilidad de esta mercancía deseamos enviarla por vía aérea desde Valencia. Por esta razón les agradeceré se sirvan enviarme detalles de los costes de flete y otros gastos incluido el seguro de transporte.

Como es ésta la primera vez que vamos a hacer uso del transporte aéreo para envío de mercancías, les quedaría muy agradecido si pudieran indicarme los documentos necesarios para la consignación en caso de que sean diferentes a los normales para el comercio exterior. A este respecto debo indicarle que el procedimiento de pago acordado con la compañía argentina es el de crédito irrevocable no confirmado.

Atentamente,

Vicente Pimentel

Sr. D. Vicente Pimentel   16 de mayo de 19. .
Jefe de la Sección de Exportación
Porcelanas 'ANSO'
MANISES (Valencia)

Muy Sr. mío:

Adjunto tengo mucho gusto en remitirle nota de costes para envío de mercancías frágiles a Hispanoamérica como carga aérea, así como un cálculo de los gastos de seguro.

Como Vd. observará en la nota, el empaquetado de estos artículos ha de hacerse en envases que reúnan las suficientes garantías contra daños de transporte. Como no dudo que Vds. tienen una larga experiencia en este empaquetado, sólo me resta indicarle que los documentos necesarios son los corrientes en este tipo de envíos: el conocimiento de embarque, el certificado de origen, las facturas comercial y consular y la póliza de seguro.

Esperando que Vd. encuentre nuestros precios a su entera satisfacción y asegurándole nuestra mejor atención,

Atentamente le saluda,

SCANCARRIERS, S.A.   29 de septiembre de 19. .
Gran Vía, 42, 3ª
BILBAO –11

Muy Sres. nuestros:

Según mis noticias esa compañía acaba de inaugurar un servicio regular de transporte de contenedores entre Bilbao y Veracruz. Nosotros somos fabricantes de maquinaria industrial y exportamos a Méjico muchas de nuestras máquinas.

Nos interesa, por tanto, tener información sobre el servicio que ofrecen Vds. y les agradeceré se sirvan también cotizarnos sus precios para una consignación de 200 metros cúbicos con destino a Méjico D.F., envío que tendremos preparado aproximadamente para el día 20 del mes que viene.

Dándoles gracias anticipadas por su pronta atención, atentamente les saluda,

Nazario Aguirre

Sr. D. Nazario Aguirre   1º de octubre de 19. .
ALUSPRING S.L.
Torre Avia, 65
BASAURI (Vizcaya)

Muy Sr. mío:
   Le agradecemos su carta del 29 ppdo. que pasamos a corres-
ponder.
   Los contenedores que utilizamos en nuestro servicio de ultramar
son de dos tamaños, uno de 4 metros y otro de 8 metros de
longitud, y están preparados para albergar pesos de 2 y 4 toneladas
respectivamente. Se pueden abrir por los dos extremos, per-
mitiendo así la carga y descarga simultánea. Son completamente
herméticos lo que hace imposible que les mercancías puedan ser
afectadas por la humedad o el agua. La carga y el cierre de los
contenedores se puede llevar a cabo en la propia fábrica, si fuera
necesario, o en nuestro depósito.
   Los costes de transporte se pueden reducir considerablemente si
se envían consignaciones distintas con destino al mismo puerto en
un contenedor y, por supuesto, a ello se une el ahorro adicional
que suponen los menores gastos de seguro, a causa de que las
primas de seguro para el transporte marítimo de contenedores son
más bajas que para otros tipos de transporte.
   Adjunto tenemos el gusto de acompañarle un ejemplar de
nuestro folleto informativo de servicios y tarifas, así como un
presupuesto estimativo del coste de transporte Bilbao–Veracruz–Méjico D.F. de 200 metros cúbicos de mercancías en 5
contenedores suponiendo que la carga por contenedor no exceda
las 3.5 toneladas.
   A la espera de sus gratas noticias y reiterándole nuestra mejor
consideración para las instrucciones que tenga a bien darnos,

                          Atentamente,
                          SCANCARRIERS, S.A.

                          A. Mendieta

Anexos: 1 folleto
         1 presupuesto

SCANCARRIERS

Presupuesto de cálculo estimativo para .5. contenedor(es)
Preparado para ....ALUSPRING S.L., BASAURI..........
Fecha ....1–10–19.......

Mercancía: Maquinaria Industrial	
Peso: (Estimado) 17,5 Toneladas Capacidad: 200 m³	Notas:
RUTA: BIL/PAL/VER/MEJ. D.F.	
Origen: BASAURI	Destino: MEJICO D∞F∞
Puerto Carga: BILBAO	Puerto Descarga: VERACRUZ/Agente: Pérez

Cálculo de gastos de transporte:

Transporte Terrestre en Origen
   (Fábrica/Depósito a Puerto)...... 2.000,––
Transporte Marítimo 49.000,––
Transporte Terrestre en Destino
   (Puerto a Destinatario) 8.000.––

            TOTAL TRANSPORTE 59.000,––

Otros gastos:

Aduana 1.000,––
Seguro 10.000,––
Documentación 500,––
Varios (Sobretasa mercancía pesada) 1.000,–– 12.500,––

          TOTAL GENERAL 71.500,––

Las tarifas de transporte marítimo están sujetas a cambios de
acuerdo con acuerdos internacionales al respecto.
Las limitaciones de responsabilidad se indican al respaldo.

JETBLAST (SOUTH) LTD.   21 de junio de 19 . .
216 Southampton Road
WINCHESTER (Hants)
Inglaterra

Señores:
   El motivo de la presente es el de urgirles el envío del documento
original del certificado de movimiento EUR. 1, correspondiente a la
consignación número 236/SpB.
   Hoy mismo acabo de recibir su carta del pasado día 18 en la que
adjuntan la factura comercial, el juego de conocimiento de embarque–contenedor, y una fotocopia del impreso EUR. 1 con el visto
bueno de la Administración de Aduanas inglesa, documentos
todos referentes a la consignación arriba reseñada.
   Como su envío debe estar a punto de llegar pueden Vds.
imaginar la urgencia de que todos los documentos estén aquí y en
regla. Supongo que el envío de la copia en lugar del original se
debe a un error administrativo que, repito, es urgente que subsa-
nen enviándome el original.

                              Atentamente,

                              J. M. Molina

Ejercicio 1
Reply to the previous letter, enclosing the original EUR 1 form, and
apologise for the oversight.

Ejercicio 2

Traducir al español la siguiente carta:

Transportes Aéreos AZOR, S. A.   22nd June, 19 . .
C/ Semprún, 493, 2º izq.
VALENCIA –5

Dear Sirs,
    We have a consignment of very fine glassware which we want to forward to an important customer in São Paulo, Brazil.
    The value of the consignment is 110.500 pesetas. It is packed in a specially-designed reinforced crate, measuring 1 metre by 1 metre by 80 cms. and weighs 35 kilos as a whole.
    Please send us full particulars of your services, including details of your rates for freight, insurance and any other charges.

Yours faithfully,
Mª Elena Fernández

Ejercicio 3

Traducir al español la siguiente carta:

Rodrigo Barrios e Hijos   5th July, 19 . .
Avenida del Rosario, 34
BARCELONA –6

Dear Sir,
    We have shipped the following goods to you by the s.s. Gaviota, which sailed from Tilbury early this morning and should dock in Barcelona on the morning of the 14th.

Mark & Nos.	Goods	Gross Weight	Value
FD 1–3	3 crates machine tools	800 lbs.	£1,500

As requested, insurance to the sum of £1,600 is provided as far as Barcelona.
    We enclose full documentation for the shipment,

Yours faithfully,

Reservas

Muy Sr. mío:

El jefe de Ventas de esta compañía, el Sr. John M. Slater, se va a desplazar a ésa el próximo 10 de octubre para asistir en representación de esta firma al Salón de la Imagen, el Sonido y la Electrónica.

Con este motivo le agradeceremos que reserve una habitación individual, interior, con cuarto de baño por cinco días a partir del indicado día 10 de octubre próximo.

El Sr. Slater tiene intención de celebrar varias reuniones de negocios con representantes de firmas españolas y extranjeras que asistirán también a la Feria de Muestras y por esta causa necesitará utilizar la sala de conferencias de ese hotel. Por tanto le agradeceremos se sirva confirmarnos la reserva de la habitación y de la sala de conferencias a su más pronta conveniencia.

Aunque todavía quedan varios detalles por ultimar, preveemos que el Sr. Slater necesitará la sala de conferencias los días 11 y 12 de octubre de cinco a ocho de la tarde y a ambas reuniones creemos que asistirán un máximo de ocho personas cada día.

Agradeciéndole de antemano su pronta atención, reciba un atento saludo,

J. Simpson
Secretaria de Ventas

Srta. J. Simpson   18 de septiembre de 19 . .
The Boldmere Electronics Co
127 Vesey Road
SUTTON COLDFIELD
(Inglaterra)

Estimada Srta. Simpson:
  Tengo el gusto de acusar recibo de su atta. del día 12 en la que
me comunicaba su petición de reserva de acomodación para el Sr.
Slater de esa firma.
  Hemos hecho las reservas que nos solicitaba, sin embargo, me
he visto forzado a introducir unas variaciones que espero merez-
can su aprobación.
  Debido a la afluencia de participantes en una Conferencia
Bienal Médica a celebrar en el vecino Palacio de Congresos y
Exposiciones, tenemos todas las habitaciones ya reservadas para
los días en cuestión, por lo que nos ha sido imposible ofrecer
alojamiento en este hotel a varios hombres de negocios que se nos
han dirigido en este sentido.
  A todos ellos les hemos ofrecido alojamiento en otro hotel de
nuestra cadena, el 'MAGERIT', que está a sólo diez minutos en coche
del Salón de la Electrónica.
  El hotel 'MAGERIT' es de la misma categoría, cinco estrellas, y
similares características que el 'REGINA', dispone de dos salas de
conferencias, una más íntima y recogida con capacidad para un
máximo de 25 personas y otra mayor con una capacidad de hasta
300 personas. Provisionalmente hemos reservado la habitación y
la sala de conferencias pequeña para el Sr. Slater pendiente de su
aprobación. En estas circunstancias les agradeceremos tengan a
bien hacernos saber su decisión a vuelta de correo.
  Adjunto le enviamos un folleto descriptivo del Hotel MAGERIT
con un plano de localización.
  Espero que el Sr. Slater tenga una feliz estancia en Madrid y
confío en poder atenderle personalmente en este Hotel en una
próxima ocasión.

                        Atentamente,

                        M. Valverde

Sr. Presidente de la Cámara de Comercio   10 de mayo de 19..
Brenton Road East
MIDHAM
(Inglaterra)

Muy Sr. nuestro:

Adjunto tengo el gusto de acompañarle varios ejemplares del formulario de inscripción para solicitar la asistencia a la Conferencia Latinoamericana de Ejecutivos (CLADE Núm. XX) según nos interesaba en su amable carta de 26 ppdo.

Cada participante deberá rellenar el boletín de inscripción y remitirlo junto a un cheque en dólares U.S. a nombre de CLADE.

Aunque dentro de unas tres semanas le enviaré información detallada y un panfleto especial, a continuación me complace darle un avance de información sobre la conferencia.

Alojamiento: Se ha reservado alojamiento provisional en varios hoteles cuyos nombres, tarifas y distancias a pie y en automóvil a la Sala de Conferencias se detallan en la hoja adjunta. Para que la reserva sea efectiva sólo es necesario enviar la cantidad correspondiente al precio preferencial para CLADE, por una noche, en el momento de enviar el boletín de inscripción.

Conferencia: Tendrá lugar en los salones de IPAE–CLADE, en Miraflores, y de momento los cuatro temas centrales de las dos primeras sesiones están centrados en los siguientes títulos: 'Vías de desarrollo', 'Desafíos del presente', 'Problemática de la Integración' y 'Rol de la Tecnología'. Una lista completa de los oradores invitados le será remitida con la información general.

Acompañantes: Se pueden hacer reservas para acompañantes de los participantes pero no se ha previsto su asistencia a la Conferencia. Se organizarán para ellos visitas turísticas guiadas a la ciudad de Lima que no están incluídas en el costo.

Modificación y anulación de inscripciones: Toda modificación o anulación deberá hacerse por escrito o cable. Se devolverá íntegramente la cuota si la anulación se hace antes del 28 de marzo. Después de esa fecha el 50% de la cuota será considerado como gasto administrativo.

En la confianza de que tendremos el honor de contar con participantes de esa Cámara de Comercio, atentamente le saluda,

Carlos Ramírez M.
Coordinador de CLADE XX

Agencia Excelsior   27 de julio de 19..
Avenida Simón Bolívar, 1024
CARACAS
Venezuela

Asunto: Misión comercial a Latinoamérica

Estimado Sr. Grau:

Como continuación a nuestra carta del pasado 9 de los corrientes, tenemos el gusto de confirmarle que la Cámara de Comercio e Industria va a patrocinar una Misión Comercial a Venezuela y Colombia, durante los días 10 al 24 de mayo del año que viene y nos complacería que su Agencia se encargara de los detalles de viajes y alojamiento.

La misión estará compuesta por treinta hombres de negocios y el itinerario a seguir debe estar basado en las siguientes líneas generales:

Día 10 de julio: Llegada a Caracas, a las 6.45 horas, VUELO BA VO32

1ª Semana: Venezuela–Caracas: (Feria de Muestras 11–14)

2ª Semana: Colombia, con visitas a Bogotá, Medellín y Bucaramanga

Día 24 de julio: Vuelo de regreso de Caracas a Londres (BA 884) vía Miami

Tenemos en proyecto preparar un folleto de información para los componentes de la Misión y con este objeto le agradeceremos nos envíe detalles, tan pronto como le sea posible, sobre las tarifas aéreas y de hoteles, y cualquier otra información que Vd. juzgue oportuna.

En espera de sus gratas noticias, reciba un atento saludo de

J. G. Stratford

Ejercicio 1

Write a reply to the letter on page 85, to Sr. Ramírez. Make arrangements for 8 members of your staff who will be attending the Conference: CLADE Número XX. Four of the men will be accompanied by their wives, the two remaining men are willing to share a room and there will be two lady executives who will require single rooms. They will all be in the Hotel INTI.

Ejercicio 2

Traducir al español la siguiente carta:

Mr. J. G. Stratford   1st August, 19 . .
FORMAPLASTIX, Ltd.
BRADDINGTON BRD3 2LS
(Inglaterra)

Dear Mr. Stratford,
Trade Mission to Venezuela and Colombia, 10th–24th May, 19 . .

Many thanks for your letter confirming that you would like us to handle travel and hotel arrangements for the above Trade Mission.

With regard to accommodation, in the past we have used the Hotel Bolívar in Caracas, the Hotel Eldorado in Bogotá and the Melchor in Medellín. We have always been very satisfied with these hotels and attach pamphlets giving details of all the facilities they offer.

Under separate cover we are sending you booklets containing information about the history and customs of Venezuela and Colombia. I am sure this will all be useful for the pamphlets you intend giving to the delegates taking part in the Mission. They also include maps of all the major cities, business hours, points of interest, etc.

I shall be able to send you details of flight bookings very shortly.

Yours sincerely,

Joaquín Grau

Ejercicio 3

Reply to the above letter thanking Sr. Grau and confirming the choice of hotels. Thank him for the background information and ask for information regarding climate and clothing necessary.

Ejercicio 4

Traducir al español la siguiente carta:

Sr. Director del Hotel Málaga Palace   26th January, 19..
Cortina del Muelle, 1
<u>MALAGA</u>
Spain

Dear Sir,

As you probably know, this company specialises in the sale and development of luxury properties in Southern Spain.

On April 1st, a group of our clients will be flying to Málaga to spend a week inspecting various properties and plots of land in the area.

We are writing to you to enquire whether it would be possible to book the following accommodation in your hotel from 1st – 8th April:

    15 double rooms with private bath and full board

     5 double rooms with private shower and full board

    10 single rooms with private bath and full board (including rooms for myself and one other director)

Our flight is scheduled to reach Málaga airport at 11am on the 1st and, if all goes according to plan, we should be at the hotel in time for lunch.

On the return journey we shall leave the hotel at about 16.00 on the 8th.

We should be grateful if you will confirm this booking by return of post as we shall have to make alternative arrangements if you cannot accommodate us.

Yours faithfully,

I. MacGregor-Lough

Solicitudes de empleo

Compañía Textil Internacional   14 de noviembre de 19 . .
Rambla de Cataluña, 17, 4º
BARCELONA – 2

Señores:

Acabo de enterarme por medio del cliente de esa Compañía, don Luis Turrent, que se halla vacante el empleo de traductor e intérprete trilingüe en su Departamento de Exportación y que quieren Vds. emplear a una persona idónea con efecto del 1º de enero.

Aunque me hallo bastante satisfecho en mi actual empleo tengo, desde hace tiempo, vivos deseos de residir en España por motivos familiares y, por tanto, tengo el honor de solicitar el empleo en cuestión.

Como Vds. pueden comprobar por mi curriculum soy inglés y mi madre es belga de habla francesa. He trabajado durante los últimos seis años en un empleo parecido al que Vds. ofrecen y me permito señalar que conozco a la perfección inglés, francés, alemán y español además del comercio internacional, campo éste donde se ha desarrollado mi actividad profesional desde sus comienzos.

El Sr. John M. Grierson, de Londres, que me conoce desde la infancia y las empresas 'International Steelbox' de Epping, Essex, y 'Maison Pirot et Fils' de Le Havre, donde he trabajado como traductor, pueden facilitarles las referencias oportunas.

Puedo desplazarme a Barcelona en cualquier momento si Vds. desean tomar esta solicitud en consideración. De antemano les puedo asegurar que pondré mis mejores esfuerzos y voluntad en este empleo en caso de obtenerlo.

En espera de una contestación favorable, les saluda muy atte.,

Michael C. Lorimer

Alvatorre, S.A.   Londres, 11 de junio de 19 . .
Calle Bravo Murillo, 53, 1º
MADRID–9

Señores:
    En respuesta a su anuncio en el 'ABC' de ayer, me apresuro a
ofrecerme para el puesto de secretaria bilingüe en la sede de su
empresa.
    Tengo 24 años y trabajo en la actualidad en una compañía de
seguros. En este trabajo apenas tengo oportunidad de utilizar mis
conocimientos de idiomas, área ésta en la que estoy no sólo
debidamente calificada sino también muy interesada. Por ésto es
por lo que deseo cambiar de empleo.
    Acompaño a la presente mi curriculum vitae y fotocopias de
certificados de estudios y de trabajo junto con una foto reciente.
    En espera de recibir una contestación favorable, les saluda muy
atentamente,

                         Gillian Hill

Anexos: curriculum vitae
         1 fotografía
         3 fotocopias de diplomas
         3 fotocopias de certificados de trabajo

Curriculum vitae

Nombre y apellidos:	Gillian HILL
Lugar y fecha de nacimiento:	Brentwich, West Midlands, INGLATERRA 18 de mayo de 19 . .
Domicilio actual:	24 West Heath Road, Londres, NW4
Estado civil:	Soltera
Estudios:	7 años – Brentwich Comprehensive School 3 años – Birmingham Polytechnic 6 meses – Escuela Superior de Secretariado, MADRID
Títulos o Diplomas:	Equivalente al Bachillerato Superior Diploma de Secretaria Bilingüe Diploma de la 'Royal Society of Arts' Diploma de Secretaria de Dirección
Conocimientos especiales:	Idiomas: español, francés e inglés Taquigrafía: española – 100 palabras por minuto francesa – 100 palabras por minuto inglesa – 120 palabras por minuto
Experiencia:	2 años – Secretaria del Gerente de la Compañía IBERIA, oficina de Londres 1 año – Secretaria del Gerente de la Compañía PLATAMESIS, Ltd. Londres 6 meses – Secretaria del Jefe Contable de The Janus Insurance Company, Ltd., Londres
Referencias: 1. Personales:	Srta. Elena Luque Sanjuán Directora de la Escuela Superior de Secretariado Plaza de las Delicias, 23, 4º MADRID – 6
2. Profesionales:	Mr Nigel Bloxham Export Manager PLATAMESIS, Ltd. St. James's House St. James's Avenue LONDRES WC3
Fecha disponible:	Desde el día 11 de julio

Londres, 11 de junio de 19 . .

Gillian Hill

Ejercicio 1
Traducir al español la siguiente carta:

Hispano-Tours Ltd.   15th March, 19 . .
24 Auckland Street
LONDON W.C.3

Dear Sirs,
           For the attention of Sr. Tamayo Flores

   With reference to the advertisement in the 'Guardian' of March 12th, I should like to apply for the post of bilingual secretary in your London branch.

   For one and a half years I worked as a courier with Euro-Tours, conducting groups all over France, Spain and Portugal. I then obtained employment as a receptionist and bilingual secretary in various hotels belonging to the Meliá Group in Torremolinos, Benidorm and Madrid. During this period my Spanish became very fluent and I also extended my knowledge of the country.

   This last year I have been employed by Selby and Ruis Ltd., wine importers. However, I should prefer to return to the tourist business where my previous experience could be used to better advantage.

   As you will see from my curriculum vitae, in addition to my command of Spanish and French, I also have good typing and shorthand speeds in both languages.

                    Yours faithfully,

Ejercicio 2
Reply to the following advertisement in Spanish:

Important shoe-manufacturer in Alicante requires personal assistant to the Export Director. Must have good command of Spanish and German or French. Good shorthand and typing speeds essential. Current driver's licence an advantage. Applications including age, previous experiences and two recent references to: Apartado 344, Alicante.

Ejercicio 3
Traducir al español la siguiente carta:

Sr. R. Durruti   23rd March, 19 . .
INCATEC S.A.
Avenida de la Independencia, 3002
LIMA
(Perú)

Dear Sir,
Application for the post of management accountant

I wish to be considered for appointment to the above post and believe that I have all the qualifications needed to fill it competently.

I was awarded the degree of BA (Accountancy) with Upper Second Class Honours at the City of Birmingham Polytechnic. Since then I have had seven years accounting experience including (as you will see from my curriculum vitae) the last three years as management accountant with a large British engineering manufacturer in the United Kingdom. In my present post, I have been responsible for introducing a new computerised system to include stocks, wages and cash transactions. I have also restructured the budgeting and standard costs system on a 'marginal cost' basis as well as modernising the fixed asset accounting.

I speak fluent Spanish as my mother was born and educated in Spain before meeting my father on a visit to England. At home, we spoke Spanish regularly and I have spent all my Summer holidays in Cadiz with my mother's family. Consequently, I am also familiar with colloquial Spanish. Whilst reading for my degree, I spent three Summer vacations working in the accounting department of my uncle's factory where I acquired a knowledge of Spanish business and technical terms. I also have a working knowledge of French which I acquired at school.

Yours faithfully,

Ofertas de empleo

Cuando una empresa necesita nuevo personal pone un anuncio de oferta de trabajo en un periódico.
Véanse los siguientes ejemplos:

4 La puntuación

1. EL PUNTO se utiliza:
   a. Al final de una frase.
      Por ej.: El director acaba de llegar a Madrid.
   b. Después de abreviaturas.
      Por ej.: Cía. (Compañía)
                   S.A. (Sociedad Anónima)
   c. Para separar las iniciales de una corporación.
      Por ej.: I.N.I. (Instituto Nacional de Industria)
      Sin embargo, los nombres de algunas compañías muy conocidas se pueden escribir de las tres siguientes maneras por orden de frecuencia:
                   la CEPSA
                   la C.E.P.S.A.
                   la Cepsa

2. LA COMA se usa:
   a. Para separar los distintos elementos de igual categoría gramatical dentro de una frase o frases colocados de forma consecutiva.
      Por ej.: Hemos hecho un pedido de arroz, aceite, trigo y harina.
      Uno abre la correspondencia, otro la clasifica, y el Sr. Pérez la distribuye.
   b. Para separar palabras o frases en aposición.
      Por ej.: Madrid, la capital, está situada en la región de Castilla la Nueva.
   c. En frases explicativas.
      Por ej.: Su grata del día 5, que acabamos de recibir, nos ha sorprendido sobremanera.
   d. Antes y después de la conjunción *pues* y de ciertas expresiones como: *por último, en efecto, sin embargo,* etc.
   e. Cuando se invierte el orden lógico gramatical de una oración expresando primero el elemento que debería ir después.
      Por ej.: Antes de la llegada de su jefe, la secretaria abre la correspondencia.

3. EL PUNTO Y COMA se usa:
   a. En frases largas para separar los elementos que constan de más de una oración ya separados entre sí por comas.
      Por ej.: Si la mando ahora, llegará demasiado pronto; si la mando el lunes, no llegará a tiempo.
   b. Para separar la oración final explicativa de los distintos elementos que la preceden.
      Por ej.: Hierro, zinc, cobre, manganeso; de todos estos minerales estamos muy necesitados.

4. DOS PUNTOS se usan:
   a. Después del saludo al principio de una carta.
      Por ej.: Muy Sr. mío:
                 Estimado colega:
   b. Después de expresiones como *por ejemplo:, a saber:, las mercancías siguientes:*.
   c. Para introducir una lista de elementos.
      Por ej.: Nuestro pedido constaba de:
                 48 máquinas de escribir
                 15 armarios
                 22 mesas escritorio
                 40 sillas
   d. Al explicar causa o consecuencia.
      Por ej.: Asunto: Su carta del . . .
   e. Después de las palabras como *Certifico:, Expone:, informa:*.

5. COMILLAS se utilizan:
   a. En citas textuales.
      Por ej.: Según escribe La Vanguardia: "el nivel de vida de los obreros catalanes ha descendido notablemente en los últimos años."
   b. Al escribir palabras extranjeras o de jerga.
      Por ej.: El "staff" de la compañía . . .
                 el "cantaor" no llegó a tiempo.

6. PUNTOS SUSPENSIVOS: (siempre tres)
   Se usan al dejar sin terminar una frase cuyo sentido está claro.
   Por ej.: A buen entendedor . . .

7. ADMIRACION E INTERROGACION

Se utilizan como en inglés pero se ha de notar que existen dos signos, uno para introducir la frase admirativa o interrogativa (¡¿) y otro para cerrarla (!?)

Por ej.: ¡Qué barbaridad!
          ¿Viene Vd. mañana?
          Es muy bonito ¿verdad?

8. PARENTESIS

Se utiliza, como en inglés, cuando se intercala una aclaración dentro de una frase.

Por ej.: Los dos directores (el Sr. Gómez y el Sr. Rodríguez) llegarán a las tres de la tarde.

9. DIERESIS

Se escribe sobre la *u* cuando ésta ha de pronunciarse en las palabras en que la *u* es muda.

Por ej.: bilingüe, antigüedades, averigüe.

División de palabras

Para poder dividir palabras en español hay que conocer el concepto de sílaba.

La sílaba

Una palabra tiene tantas sílabas como impulsos de voz emitimos al pronunciarla correctamente. Generalmente la palabra tiene tantas sílabas como vocales, pero hay que tener en cuenta lo dicho más abajo sobre diptongos y triptongos.

Diptongos

Las cinco vocales se dividen en fuertes o abiertas (a, e, o) y débiles o cerradas (i, u).

Si concurren dos vocales fuertes juntas, como en *aéreo*, hay tantas sílabas como vocales (*a-é-re-o*), pero si concurren una fuerte y una débil, o dos débiles, en cualquier orden, se cuentan ambas como una sola sílaba (*ciu*-dad, des-*pués*, se-cre-ta-*ria*, *ai*-re) puesto que forman un diptongo. Si la vocal débil va acentuada, se cuentan dos sílabas, pues el acento deshace el diptongo (*mí*-o, com-pa-*ñí*-a, a-cen-*tú*-a).

Triptongos

Forman una sola sílaba las combinaciones de dos vocales débiles y una fuerte entre las dos débiles. Los cuatro triptongos posibles son: /uai/ : a-pa-ci-*guáis*; /iai/ : de-nun-*ciáis*; /uei/ : a-ve-ri-*güéis*; /iei/ : a-li-*viéis*.

En mecanografía se ha de tener en cuenta:
1. En caso de duda, NO DIVIDIR LA PALABRA.
2. NUNCA separar las letras de una sílaba al final de renglón. *Por ej.*: comp-añía (ERRONEO); com-pañía, compa-ñía (CORRECTO).
3. EVITAR separar las sílabas de las palabras de dos sílabas *Por ej.*: és-to (no debe hacerse).
4. EVITAR separar una sílaba formada por una vocal del resto de la palabra.
   Por ej,: a-sunto, compañí-a (no debe hacerse).
5. Una palabra compuesta se puede considerar como si fuera simple a efectos silábicos.
   Por ej.: in-te-rur-ba-no o in-ter-ur-ba-no.

Ejercicio

Dividir las siguientes palabras:

mercancía	liquidación
almacén	consignaciones
escritura	antigüedades
catálogo	ahorros
aliviar	diario
aduana	automóviles
aislar	enriquecerse
correo	griego
empresario	producción
averiguar	importaciones
deudor	rápidamente
aun	ruidosamente
peine	pausar
último	guía
embarque	ciudadano
cuidado	transportes
vuelto	fuerte
secretaría	afortunadamente
apoderado	airear

Nombres propios y vocablos extranjeros más usados

COMERCIO

el boicot, el boom, el cash flow, el clearing, el clips, el copyright, el dossier, el dumping, el holding, el leasing, el lockout, el marketing, el record, el royalty, el slogan, el stand, el stock

PERSONAS

el barmán, el Boy-scout, el chef, el gentleman, el gourmé, la nurse

VEHICULOS

el citroen, el peugeot, la (motocicleta) vespa, el ford, el rolls

AVIONES

el Boeing, el Comet, el Concorde, el Caravelle

COMPAÑIAS AEREAS

la BA, la Air France, la Iberia, la TWA, la Lufthansa

TEJIDOS

el nylón, el rayón, el tweed, el worsted

ROPAS

el swéter, el jersey, el pullover, el smoking, el cardigán

DEPORTES

el tenis, el golf, el fútbol, el slalom, la Olimpíada

LOCALIDADES

el bar, el club, el nightclub, la boite, el camping, el parking

COMIDAS

el sandwich, el hot dog, el biftek, la hamburger

BEBIDAS

el whiskey (el güisqui), la vodka, el Schweppes

MAQUINAS DE FOTOGRAFIA

la máquina (fotográfica), el Kodak, la Leica

Las abreviaturas

Casi todos los textos comerciales contienen abreviaturas. Las abreviaturas más generalmente utilizadas en España son las siguientes:

1. De cortesía y tratamiento

afmo.	afectísimo *fond, affectionate*
atta., atto., attº.	atenta, atento, *attentive, courteous*

D.	Don, *Mr*	⎧ *courtesy titles used only before*
Dª.	Doña, *Madam*	⎨ *Christian names. Often employed*
		⎩ *in addresses on envelopes.*

Sr.	Señor, *Mr*
Sres.	Señores, *Messrs*
Sra.	Señora, *Mrs*
Srta.	Señorita, *Miss*

2. Comerciales

adj.	adjunto(s), *encs., enclosure(s)*
A.L.A.L.C.	Asociación Latinoamericana de Libre Comercio, L.A.F.T.A., *Latin American Free Trade Association*
c/	calle, *road*
c/	cuenta, account
c.a.f. ⎫ caf ⎬ C. y F. ⎭	coste y flete, C. & F., *cost & freight*
c/c	cuenta corriente, *current account*
CEE	Comunidad Económica Europea, EEC, *European Economic Community*
cgo. *o* c/	cargo, *charge, care, responsibility*
Cía.	Compañía, *company*
c.s.f.	coste, seguro y flete, C.I.F. *cost, insurance and freight*
cta.	cuenta, *account*
cte.	corriente, de los corrientes, *of the present month*
cts.	céntimos, centavos, *cents*
CTNE	Compañía Telefónica Nacional de España *Spanish Telephone Company*
dcha.	derecha, *right, on the right*
D.F.	Distrito Federal, *Federal District – used after 'México' to denote the capital city*
d/f	días fecha, *days after date*
d/v	días vista, *days after sight*
E.	este, *east*
e/	envío, *consignment*
EE.UU.	Estados Unidos, USA, *United States of America*
fª. *o* fact.	factura, *invoice*
f.a.b.	franco a bordo, F.O.B., *free on board*
f.a.s.	franco al costado del buque, F.A.S., *free alongside*
F.C., f.c.	ferrocarril, *railway, rail*

f.c.g.v.	ferrocarril gran velocidad, *by passenger or fast goods train*
f.c.p.v.	ferrocarril pequeña velocidad, *by slow goods train*
g/	giro, *draft, money order*
Gral.	General
Hnos.	Hermanos, *Bros., Brothers*
I.N.I.	Instituto Nacional de Industria, *National Institute of Industry*
izq., izqª.	izquierda, *left, on the left*
kg.	kilogramo(s), *kilogramme(s)*
km.	kilómetro(s), *kilometre(s)*
L/ *o* l/	letra (de cambio), *bill (of exchange)*
lbs.	libras, *pounds(weight)*
m.	metro, *metre*
m²	metro(s) cuadrado(s), *square metre(s)*
m³	metro(s) cúbico(s), *cubic metre(s)*
M.C.C.A.	Mercado Común Centroamericano, C.A.C.M., *Central American Common Market*
m/cgo., *o* m/c.	mi cargo, *my charge, responsibility, liability*
m/cta., *o* m/c.	mi cuenta, *my account*
m/cc.	mi cuenta corriente, *my current account*
m/fra.	mi factura, *my invoice*
m/l.	mi letra, *my bill, draft*
m/o.	mi orden, *my order*
N.	norte, *north*
n/	nuestro(s), nuestra(s), *our*
(Véanse los usos de 'm/' con otras abreviaturas)	
nº., *o* núm.	número, *number*
O.	oeste, *west*
o/	orden, *order*
P.D.	posdata, *P.S., postscript*
pdo.	pasado, *last*
Pérd. y Gan.	Pérdidas y Ganancias, *Profits & Losses*
p.o.	por orden, *p.p., by proxy*
p.p.	por poder, *p.p., by proxy*
p.pdo., *o* ppdo.	próximo pasado, *last month*
pta(s)	pesetas
RENFE	Red Nacional de Ferrocarriles Españoles, *Spanish Railways*
rte.	remite, remitente, *sender*
S.	Sur, *south*
s/	su *your*
(Véanse los usos de 'm/' con otras abreviaturas)	
S.A.	Sociedad Anónima, *Limited Company*
Sdad.	Sociedad, *Company*
S. en C.	Sociedad en Comandita, *share partnership*
s.e.u.o.	salvo error u omisión, E. & O.E., *errors and omissions excepted*
S.R.C.	se ruega contestación, R.S.V.P.
Ud., Uds.	usted(es), *you*
Vd., Vds.	usted(es), *you*
v/r.	valor recibido, *value received*
vtº.	vencimiento, *due date, maturity*

5 Informaciones

Utilización de horarios

El Jefe de Ventas de la compañía madrileña en la que Vd. está trabajando le da una lista de las poblaciones que él va a visitar en un viaje de promoción de ventas y le pide que Vd. le redacte un itinerario completo a la vista de los horarios de trenes y aviones y los días de estancia en cada población.

Escriba Vd. el itinerario con indicación y detalles de los trenes y aviones que el Jefe de Ventas tiene que tomar y los lugares en que ha de pernoctar, ya que Vd. se deberá encargar de hacer las reservas de hoteles y de los billetes de avión y ferrocarril, además de arreglar el alquiler de un coche sin chófer para los tres trayectos indicados.

Al redactar el itinerario tenga en cuenta los domingos y días festivos. El Jefe de Ventas deberá salir de Madrid en tren hacia Guadalajara, primera etapa del viaje, el día 3 de octubre.

Guadalajara	estancia 1 día
Torralba	estancia 1 día
Ariza	estancia 1 día
Alhama de Aragón	estancia 1 día
Calatayud	estancia 1 día
Zaragoza	estancia 2 días
Zuera	estancia 1 día
Binéfar	estancia 1 día
Lérida	estancia 2 días
Valls, Reus	estancia 1 día
Tarragona	estancia 2 días

Todos los desplazamientos entre las poblaciones anteriores se realizarán en tren.

Tarragona – Barcelona, en coche de alquiler sin chófer
Barcelona y alrededores (estancia 5 días)
Barcelona – Valencia, en coche de alquiler sin chófer
Valencia (estancia 1 día)
Valencia – Málaga, en coche de alquiler sin chófer
Málaga (estancia 2 días)
Málaga – Madrid, en avión

Madrid → Zaragoza → *Lérida / Mora* → Barcelona → Cerbère

Km.	ESTACIONES	802 5802 Ráp. 1-2	852 5252 TALGO 1-2	262 Electrotrén 1-2	254 TALGO 1-2	206 Exp. 1-2	5808 5107 Exp. 1-2	5814 5107 Exp. 1-2	204 Exp.
0	MADRID-Chamartín .... S.	9.15	10.25	— A		13.55	19.10	21.05	— A	22.20
31	Alcalá de Henares	9.44		—			19.40		—	
54	GUADALAJARA	10.03	11.03	—			19.58	21.50	—	
102	Jadraque	10.37		—					—	
137	Sigüenza	11.08	11.56	—			21.05		—	
153	Torralba	11.28		—			21.26		—	
163	Medinaceli	11.37		—			21.36		—	
180	Arcos de Jalón	11.55		—			21.56	23.49	—	0.43
190	Santa María de Huerta	12.04		—			22.05		—	
203	Ariza	12.17		—			22.16		—	
216	Alhama de Aragón	12.36	(1)12.57	—			22.34		—	
229	Ateca	12.48		—			22.46		—	
242	Calatayud	13.28	13.17	—			23.—	0.40	—	
261	Morés	13.45		—					—	
270	Morata de Jalón	13.54	13.40	—			23.23		—	
278	Ricla-La Almunia	14.03		—			23.32		—	
293	Epila	14.17		—					—	
325	Casetas	14.43		—			0.10		—	
338	ZARAGOZA-El Portillo ..... Ll.	14.57	14.19	—		17.37	0.24	1.53	—	2.44
0	Zaragoza-El Portillo .... S.		14.25	13.07	17.52	0.41			2.58
34	Zuera					1.12			
61	Tardienta			13.44	18.30	1.35			
77	Grañén					1.51			
99	Sariñena			14.06		2.19			
131	Selgua		15.47						
136	Monzón-Río Cinca			14.28	19.12	2.51			
147	Binéfar					3.03			
168	Almacellas		16.16				Costa Brava	Expreso	
192	LERIDA		16.35	15.08	19.49	3.45			5.34
216	Borjas Blancas					4.06			
251	Montblanch					4.44			
261	Plana de Picamoixóns ..			15.58					
268	Valls				20.35				6.35
280	Reus		17.47	16.15		5.27			
298	TARRAGONA		18.04	16.31		5.55			
323	S. Vicente-Calders-C. ... Ll.				20.54	6.15			6.57
338	ZARAGOZA-El Portillo ...... S.	15.17					2.08	3.19	
367	Fuentes							3.52	
373	Pina								
410	La Puebla de Híjar	16.14					3.06	4.35	
450	Caspe	16.49						5.11	
502	Ribarroja						4.19		
509	Flix	17.36						6.02	
520	Ascó	17.44							
529	Mora la Nueva	18.29					5.12	6.44	
549	Marsá-Falset	18.55						7.09	
577	Reus	19.56					6.15	8.—	
595	TARRAGONA	20.39					6.48	8.32	
620	S. Vicente de Calders-C. ...	21.07			20.55	6.16	7.13	8.59	6.58
638	Vilanova i La Geltrú	21.26				6.33	7.31	9.18	
646	Sitges	21.39	(2)18.42	(2)17.11	(2)21.12	6.44	7.42	9.29	
680	BARCELONA-Sants ... Ll.	22.14							
683	BARCELONA-P.º G.º ... Ll.	22.20	19.15	17.48	21.46	7.20	8.20	10.07	7.54
687	BARCELONA-Término ... Ll.	22.32	19.29	17.59	22.—	7.35		10.20	8.10
0	BARCELONA-P.º G.º ... S.	—	—	—	—	—	8.25	—	—
3	BARCELONA-C. Aragón	—	—	—	—	—	8.33	—	—
29	Granollers	—	—	—	—	—	8.57	—	—
69	Massanet-Massanas	—	—	—	—	—	9.30	—	—
83	Caldas de Malavella	—	—	—	—	—	9.44	—	—
99	GERONA	—	—	—	—	—	9.59	—	—
115	Flassá	—	—	—	—	—	10.15	—	—
140	Figueras	—	—	—	—	—	10.41	—	—
159	Llansá	—	—	—	—	—	11.01	—	—
166	Port-Bou .... Ll.	—	—	—	—	—	11.10	—	—
168	Cerbère .... Ll.	—	—	—	—	—	11.18	—	—

A Procede de Bilbao (Itin. T-2).
(1) Efectúa parada del 1-VII al 30-IX.—(2) Efectúa parada del 15-VI al 15-X.

Horario de tren

HORARIOS DE VERANO

(En vigor del 2 de abril al 31 de octubre)

Horas Locales
Local Times

MALAGA - MADRID

IB.: IBERIA AO.: AVIACO	F/N/N IB.464 B.727	F/N IB.360 DC-9	Y AO.444 DC-9	F/N IB.362 DC-9	F/N IB.956 DC-10	F/N IB.770 DC-9	F/N IB.482 B.727	F/N IB.357 B.727	F/N IB.362 B.727	F/N IB.742 B.727	F/N IB.364 S/DC-8	F/N IB.114 DC-9	F/N IB.364 DC-9	F/N IB.460 DC-9	F/N IB.366 DC-9	F/N IB.368 B.727	F/N IB.460 B.727	F/N IB.482 B.727	F/N IB.482 B.727	Y/N AO.226 DC-9
Hasta el 30 junio	※	※	※	⑥	-	②⑥	②⑥	②⑥	⑥	⑥	-	⑤	※	-	×	②⑥	⑤⑥	②⑥	②⑥	※
Del 1 julio al 30 septiembre	※	※	※	⑥	⑥	②⑥	⑥	②⑥	⑥	⑥	⑥	⑤	※ exc.⑥	⑤	×	②⑥	⑥	②⑥	⑥	※
Del 1 al 15 octubre	※	※	※	⑥	⑥	②⑥	②⑥	②⑥	⑥	⑥	⑥	⑤	※ exc.⑥	-	×	②⑥	⑥	②⑥	⑥	※
Del 16 al 31 octubre	※	※	※	⑥	-	②⑥	⑤	②⑥	⑥	-	-	⑤	※	-	×	②⑥	⑥	②⑥	⑥	※
	(A)				NYC→	CPH	AMS	NYC	DUB		LPA/ ACE→									(A)
MALAGA Sal.	01.10	08.00	08.30*	08.00*	09.00*	10.00*	11.05*	11.05*	11.05*	11.05*	14.15*	14.15*	16.25*	18.00	19.15*	20.30*	21.00*	22.50*	22.50*	23.05
MADRID Lle.	02.05	08.55	09.25*	09.55*	09.55*	10.55*	12.00*	12.00*	12.00*	12.00*	15.10*	15.10*	17.20*	18.55	20.10*	21.25*	21.55*	23.45*	23.45*	01.30
																				vía SVQ

GMT
- 2
- 2

(A) Estos servicios mantendrán sin variación sus horarios durante toda la temporada.
• Cambio de hora en España; A partir del 1 de octubre, UNA HORA MAS TEMPRANO.

(A) These flights will maintain their schedules without change during the entire season.
• Time change in Spain: From 01 October, ONE HOUR EARLIER.

Horario de avión

La moneda

1. Unidad monetaria: la peseta. Técnicamente está dividida en 100 céntimos, pero no existen monedas de céntimo.

   Monedas: 50 céntimos; 1 peseta; 5 ptas.; 25 ptas.; 50 ptas.; 100 ptas.

   Billetes: 100 pesetas; 500 ptas.; 1.000 ptas.; 5.000 ptas.

Días festivos en España

1. Fiestas fijas:

1º de Enero,	Día de Año Nuevo
6 de Enero,	Día de los Reyes Magos
19 de Marzo,	San José
1º de Mayo,	Fiesta del Trabajo
25 de Julio,	Día de Santiago, Patrón de España
15 de Agosto,	Asunción de la Virgen
12 de Octubre,	Día de la Hispanidad
1º de Noviembre,	Fiesta de Todos los Santos
8 de Diciembre,	Fiesta de la Inmaculada Concepción
25 de Diciembre,	Día de Navidad

2. Fiestas movibles:

   Marzo–Abril, Jueves y Viernes Santo

   Mayo–Junio, Fiesta del Corpus Christi (en Jueves)

Además de estas fiestas existen otras locales o regionales, por ejemplo el día de San Jorge en Cataluña, el 23 de abril.

El día 24 de junio, fiesta de San Juan, el Rey de España celebra su onomástica y las oficinas gubernamentales permanecen cerradas tal día.

El 'puente'

Existe en España la práctica generalizada de *hacer puente* entre dos días de fiesta separados por un día laborable. Por ejemplo, supongamos que el día 25 de julio (Día del Patrón de España) cae en martes, entonces el lunes se considera 'día puente' entre las dos fiestas, Domingo y Día de Santiago, y ese día no se trabaja. En ambientes laborales se suele hablar de *el puente de Santiago* o *el de San José* para designar esta práctica en los años en que la fiesta cae dos días antes o después de un Domingo.

Información de interés comercial sobre Latinoamérica

País y capital	Moneda nacional	Hora media de Greenwich	Días festivos nacionales	Horas de trabajo
Argentina (Buenos Aires)	Peso de 100 centavos Billetes: $1; 5; 10; 50; 100; 500; 1000 Monedas: 1; 5; 10; 20; 25; 50;	−3	enero 1,6; mayo 1,25; junio 20; julio 9; agosto 15,17; octubre 12; noviembre 1,6; diciembre 8, 25, 31 Fiestas móviles: Carnaval; Jueves y Viernes Santo; Corpus	9.00–12.00 14.00–19.00
Bolivia (La Paz)	Peso de 100 centavos Billetes: $b. 1; 5; 10; 20; 50; 100 Monedas: 5; 10; 20; 25; 50; $1	−4	enero 1; mayo 1; junio 1; julio 16; agosto 5, 7; octubre 12; noviembre 2; diciembre 25 Fiestas móviles: Carnaval; Jueves y Viernes Santo; Corpus	9.00–12.00 14.00–16.00
Chile (Santiago de Chile)	Peso de 1000 escudos Billetes: $5; 10; 50 Monedas: 5; 10; 20; 50¢; $1	−4	enero 1; mayo 1,21; agosto 15; septiembre 18, 19; octubre 12; noviembre 1; diciembre 8, 25 Fiestas móviles: Semana Santa	8.30–12.30 14.00–18.00
Colombia (Bogotá)	Peso de 100 centavos Billetes: $1; 2; 5; 10; 20; 50; 100; 200 Monedas: 5; 10; 20; 50¢	−5	enero 1; marzo 19; mayo 1; junio 29; julio 20; agosto 7, 15; octubre 12; noviembre 1, 11; diciembre 8, 25 Fiestas móviles: Jueves y Viernes Santo; Ascensión; Corpus	8.00–12.00 14.00–18.00

País y capital	Moneda nacional	Hora media de Greenwich	Días festivos nacionales	Horas de trabajo
Costa Rica (San José)	Colón de 100 céntimos Billetes: ₡5, 10; 20; 100; 500; 1,000 Monedas: 5; 10; 25; 50; ₡1; ₡2	−6	enero 1; abril 11; mayo 1; junio 29; julio 25; agosto 2, 15; septiembre 15; octubre 12; diciembre 8, 25 Fiestas móviles: Semana Santa; Corpus	8.00–10.30 13.00–17.00
Cuba (La Habana)	Peso de 100 centavos Billetes: 1; 5; 20; 50 Monedas: 1; 5; 20; 50	−5	enero 1, 2; mayo 1; julio 26; diciembre 7, 25	8.30–12.30 13.30–17.30
Ecuador (Quito)	Sucre de 100 centavos Billetes: S/.5; 10; 20; 50; 100; 500; 1,000 Monedas: 10; 20; 50; S/.1	−5	enero 1, 6; mayo 1, 24; julio 24; agosto 10; octubre 9, 12; noviembre 1, 2, 3; diciembre 6, 25 Fiestas móviles: Carnaval; Jueves y Viernes Santo	8.30–12.30 14.30–18.30
El Salvador (San Salvador)	Colón de 100 centavos Billetes: ₡1; 2; 5; 10; 25; 100 Monedas: 1; 5; 10; 25; 50	−6	enero 1; abril 14, 17; mayo 1, 10; agosto 10; septiembre 1, 15; octubre 12; noviembre 2, 5; diciembre 24, 25 Fiestas móviles: Semana Santa; Corpus	8.00–12.00 14.00–16.00

País y capital	Moneda nacional	Hora media de Greenwich	Días festivos nacionales	Horas de trabajo
Guatemala (Guatemala)	Quetzal de 100 centavos Billetes: Q.1; 5; 10; 20; 50; 100 Monedas: 5; 10; 25¢	−6	enero 1, 6; mayo 1; junio 30; agosto 15; septiembre 15; octubre 12, 20; noviembre 1; diciembre 24, 25, 31 Fiestas móviles: Semana Santa	8.00–12.00 14.00–16.00
Honduras (Tegucigalpa)	Lempira o Peso de 100 centavos Billetes: L.1; 5; 10; 20; 100 Monedas: 1; 2; 5; 10; 20; 50¢	−6	enero 1; abril 14; mayo 1; septiembre 15; octubre 3, 12, 21; diciembre 25 Fiestas móviles: Semana Santa	8.00–12.00 13.30–17.00
Méjico (en España) México (en Méjico) (México D.F.)	Peso de 100 centavos Billetes: $1; 5; 10; 20; 50; 100; 500; 1,000 Monedas: $1; 5; centavos 1; 5; 10; 20; 25; 50	−6	enero 1; febrero 5; marzo 21; mayo 1, 5; septiembre 1, 15; octubre 12; noviembre 20; diciembre 25 Fiestas móviles: Semana Santa	9.00–13.00 14.00–19.00
Nicaragua (Managua)	Córdoba de 100 centavos Billetes: C$1; 5; 10; 20; 50; 500; 1,000; Monedas: 5; 10; 25; 50¢	−6	enero 1; mayo 1; junio 30; septiembre 14, 15; octubre 12; noviembre 2; diciembre 8, 24, 25, 31	8.00–12.00 14.30–18.00

País y capital	Moneda nacional	Hora media de Greenwich	Días festivos nacionales	Horas de trabajo
Panamá (Panamá)	Balboa de 100 centésimos Billetes: En la República de Panamá se utilizan los billetes de banco estadounidenses. Un dólar equivale a un balboa (B/.). Monedas: 1; 5; 10; 25; 50¢	−5	enero 1, 2, 9; febrero 22; mayo 1, 30; julio 4; agosto 15; octubre 11; noviembre 1, 2, 3, 4, 5, 10, 11, 28; diciembre 8, 25 Fiestas móviles: Carnaval; Viernes Santo	8.00–12.00 14.00–17.00
Paraguay (Asunción)	Guaraní de 100 centavos Billetes: ₲1; 5; 10; 50; 100; 1,000; 5,000; 10,000	−3	enero 1; febrero 3; mayo 1, 14, 15; junio 12; agosto 15, 25; septiembre 29; octubre 12; noviembre 1; diciembre 8, 25 Fiestas móviles: Carnaval; Viernes Santo; Corpus	7.00–11.00 14.30–18.00
el Perú (Lima)	Sol de 100 centavos Billetes: S/.5; 10; 50; 100; 200; 500; 1,000 Monedas: 5; 10; 20; 25; 50; S/.1; 5; 10	−5	enero 1; mayo 1; junio 29; julio 28, 29; agosto 30; octubre 9; noviembre 1; diciembre 8, 25 Fiestas móviles: Jueves y Viernes Santo	9.00–12.30 15.30–19.00

País y capital	Moneda nacional	Hora media de Greenwich	Días festivos nacionales	Horas de trabajo
Puerto Rico (San Juan)	Utilizan el dinero de los Estados Unidos	−5	enero 6, 11; febrero 22; marzo 22; abril 16; mayo 30; julio 4, 17, 25, 27; septiembre 1; octubre 12; noviembre 11, 19, 27; diciembre 25 Fiestas móviles: Semana Santa	8.00–12.00 14.00–17.00
Santo Domingo (Santo Domingo)	Peso de 100 centavos Billetes: RD$1; 5 10; 20; 50; 100; 1,000 Monedas: 1; 5; 10; 25; 50	−5	enero 1, 6, 26; febrero 27; abril 14; mayo 1; julio 16; agosto 16; septiembre 24; octubre 12, 24; noviembre 1; diciembre 25	8.00–12.00 13.00–17.00
Uruguay (Montevideo)	Peso Nuevo de 1,000 pesos Billetes: 5; 10; 50 centésimos; N$1; 5; 10 Monedas: centésimos; N$1; 5; 10	−3	enero 1, 6; abril 19; mayo 1, 18; junio 19; julio 18; agosto 25; octubre 12; noviembre 2; diciembre 8, 25 Fiestas móviles: Carnaval	8.30–12.00 14.30–18.30
Venezuela (Caracas)	Bolívar de 100 céntimos Billetes: Bs.5; 10; 20; 50; 100; 500 Monedas: 5; 10; 25; 50; céntimos Bs.1; 2	−4½	enero 1, 6; marzo 9; junio 24, 29; julio 5, 24; octubre 12; noviembre 1; diciembre 8, 17, 24, 25, 31 Fiestas móviles: Carnaval; miércoles y sábado de Semana Santa; Ascensión; Corpus	8.00–12.00 13.00–18.00

111

Los países de Latinoamérica

MEXICO

Golfo de México

México •

La Habana

CUBA

Belize

BELIZE

SANTO
DOMINGO

*OCEANO
ATLANTICO*

GUATEMALA

Guatemala

San Salvador

EL SALVADOR

HONDURAS

Tegucigalpa

NICARAGUA

Managua

San Juan

PUERTO RICO

Ciudad Trujillo

San José

COSTA RICA

Panamá

PANAMA

Caracas

VENEZUELA

GUAYANA

Bogotá •

COLOMBIA

Orinoco

Georgetown

Paramaribo

Cayenne

GUAYANA
FRANCESA

Quito •

ECUADOR

GUAYANA
HOLANDESA

Amazonas

PERU

Andes

Lima •

BRASIL

*OCEANO
PACIFICO*

La Paz •

BOLIVIA

Brasília •

PARAGUAY

Paraná

CHILE

Asunción •

ARGENTINA

Santiago •

URUGUAY

Montevideo

Buenos
Aires

Las Islas Malvinas

Calendario de ferias en España

enero   Salón Nacional de la Marroquinería, Artículos de Viaje e Industrias conexas – IBERPIEL
National Leatherwork, Travel Goods and Related Industries Fair
Avenida de José Antonio, 32, MADRID

Salón del Deporte y Cámping
Sport and Camping Show
Avenida María Cristina, Parque Montjuich, BARCELONA

Feria Monográfica de Manufacturas Textiles para el Hogar –
TEXTILHOGAR
National Exhibition of Textiles for the Home
Apartado 476, VALENCIA

febrero   Feria Española del Atlántico
Spanish Atlantic Fair
Apartado 50, LAS PALMAS DE GRAN CANARIA

Salón Nacional de la Moda en el Vestir (Edición Moda Otoño-Invierno)
National Fashionwear Show (Autumn-Winter Fashions)
Avenida José Antonio, 670, BARCELONA

Feria del Juguete y Artículos para la Infancia
Toys and Children's Articles Fair
Apartado 476, VALENCIA

Salón Náutico Internacional
International Boat Show
Avenida María Cristina, Parque Montjuich, BARCELONA

Feria del Material de Enseñanza y Material Educativo – DIDASTEC
Teaching and Educational Materials Fair
Apartado 476, VALENCIA

Salón Nacional del Género de Punto
National Knitwear Show
Avenida María Cristina, Parque de Montjuich, BARCELONA

Feria Nacional de Artesanía y Turismo
National Handicrafts and Tourism Fair
Excmo. Ayuntamiento, PALMA DE MALLORCA

marzo   Bienal Española de la Máquina Herramienta
Spanish Biennial Exhibition of Machine Tools (1980, '82 etc.)
Apartado 468, BILBAO

Feria Técnica de la Industria Eléctrica y Maquinaria de Elevación y Transporte
National Technical Fair of the Electrical Industry and Hoisting and Transport Machinery (Biennial – 1981, '83 etc.)
Apartado 468, BILBAO

Feria Internacional del Calzado e Industrias Afines – FICIA
(I – Edición Moda Otoño-Invierno)
International Footwear and Related Industries Fair
(I – Autumn-Winter Fashions)
Palacio Ferial, Avenida Chapí s/n., ELDA (Alicante)

abril	Feria Monográfica de la Cerámica, Vidrio y Elementos Decorativos *National Ceramics, Glass and Ornaments Fair* Apartado 476, VALENCIA
	Feria Técnica Internacional de la Maquinaria Agrícola – FIMA *International Agricultural Machinery Fair* Palacio Ferial, Apartado 108, ZARAGOZA
	Feria Monográfica del Arte en el Metal *Art in Metal National Fair* Apartado 476, VALENCIA
	Salón Internacional del Automóvil *International Car Show* Avenida María Cristina, Parque de Montjuich, BARCELONA
	Feria de Muestras Latinoamericana *Latin American Trade Fair* Pabellón del Perú, Jardines de San Telmo, SEVILLA
	Salón Internacional del Envase, Embalaje y su Grafismo – GRAPHISPACK *International Show of Graphic Arts for Packaging* Avenida de María Cristina, Parque de Montjuich, BARCELONA
mayo	Feria Muestrario Internacional *International Trade Fair* Apartado 476, VALENCIA
	Feria Internacional de la Construcción y Obras Públicas – FICOP *International Show of Building and Public Works* Avenida de Portugal, s/n., MADRID
	Feria Internacional del Campo *International Agricultural Fair* Avenida de Portugal, s/n., MADRID
junio	Feria Oficial e Internacional de Muestras – FOIM *Official and International Trade Fair* Avda. de María Cristina, Parque de Montjuich, BARCELONA
	Feria Nacional de la Industria Naval y de Muestras del Noroeste *National Shipbuilding and Northwestern Trade Fair* Apartado 468, BILBAO
agosto	Salón de la Elegancia *Fashion Fair* Oquendo, 18, SAN SEBASTIAN
septiembre	Feria Internacional del Calzado e Industrias Afines FICIA (Edición Moda Primavera-Verano) *International Footwear and Related Industries Fair (Spring-Summer)* Avenida de Chapí, Palacio Ferial, ELDA (Alicante)
	Feria Nacional de Cuchillería y Exposición de Maquinaria para su Fabricación *National Cutlery and Cutlery Manufacturing Fair* Calle Mayor, s/n., ALBACETE

114

Feria Española del Vestido y Moda Infantil
Spanish Children's Fashion Fair
Apartado 476, VALENCIA

Feria Agrícola Nacional Frutera de San Miguel
The National Fruit Fair of San Miguel
Chalet Campos Elíseos, Apartado 106, LERIDA

---

octubre   Salón Nacional de la Moda en el Vestir (Primaver-Verano)
National Fashionwear Show (Spring-Summer Fashions)
Avenida de José Antonio, 670, BARCELONA

Feria Oficial y Nacional de Muestras
Official and National Trade Fair
Palacio Ferial, Gran Vía, ZARAGOZA

Feria Industrial y Comercial
Commercial and Industrial Fair
Delegación Sindical Comarcal, SABADELL

Feria Mercado del Automóvil y Maquinaria de Ocasión
Secondhand Machinery and Car Fair
Avenida de Portugal, s/n., MADRID

Salón de la Imagen, Sonido y Electrónica – SONIMAG
Sound, Vision and Electronics Show
Avda. de María Cristina, Parque de Montjuich, BARCELONA

Feria Española del Mueble y Salón Internacional de Maquinaria para
la Madera
*Spanish Furniture Fair and International Wood-working Machines
Show*
Apartado 476, VALENCIA

Feria Internacional de la Conserva y Alimentación
International Tinned and Food Products Fair
Avenida de José Antonio, 11, MURCIA

Feria Técnica de la Maquinaria Textil
Textile Machinery Fair
Avda. de María Cristina, Parque de Montjuich, BARCELONA

---

noviembre   Feria de Muestras Monográfica Internacional del Equipo de Oficina
y de la Informática – SIMO
Office Equipment & Data Processing Machinery Fair
Conde del Valle Suchill, 8, MADRID

Feria Técnica de la Química Aplicada – EXPOPLASTICA
Applied Chemistry Fair
Juan de la Cierva, 3, MADRID

Salón Nacional del Hogar, Decoración y Gastronomía del Equipo
Hotelero – HOGARHOTEL
*The National Home, Interior Decoration, Good Food and Hotel
Equipment Show*
Avda. de María Cristina, Parque de Montjuich, BARCELONA

Feria Monográfica de Ferretería, Cerrajería, Herramientas Manuales
y Tornillería – FERROFORMA
The National Ironmongery and Hand Tools Show
Plaza Pedro María Basterrechea, 2, BILBAO

115

6 Vocabulario

El objetivo primordial de este vocabulario es el de servir de ayuda para una más rápida comprensión de los textos utilizados en el libro, por tanto no pretende de ninguna manera ser exhaustivo y a veces habrá necesidad de consultar un buen diccionario.

Español – Inglés

A

abogado (*m*), *lawyer*
abonado (*m*), *subscriber*
abonar, *to pay, to subscribe*
abreviatura (*f*), *abbreviation*
acabado (*m*), *finish*
acción (*f*), *share, stock*
aceite (*m*), *oil*
   aceite de oliva, *olive oil*
aceituna (*f*), *olive*
acidez (*f*), *acidity*
acogida (*f*), *welcome, reception*
aconsejar, *to advise*
acordar, *to agree*
acreedor (*m*), *creditor*
actuar de, *to act as*
acuerdo (*m*), *agreement*
   de acuerdo con, *in accordance with*
acusar recibo, *to acknowledge receipt*
adeudar, *to charge, to debit*
adjunto, *enclosed, attached*
adjuntos (*m*), *enclosures*
afilado, *sharp*
agencia (*f*), *agency*
   agencia de viajes, *travel agency*
agenda (*f*), *diary*
   agenda de visitas, *appointments diary*
agente (*m*), *agent*
   agente de cambio y bolsa, *broker*
agotado, *out of print*
agotar, *to exhaust, to use up*
agotarse, *to go out of print*
agrado (*m*), *pleasure, satisfaction*
ahorrar, *to save (money)*
ahorro (*m*), *saving*
   caja de ahorros, *savings bank*
   caja postal de ahorros, *post office savings bank*
albergar, *to accommodate, to hold*

almacén (*m*), *warehouse, store*
almacenamiento (*m*), *warehousing, storing*
almacenar, *to store*
alojamiento (*m*), *accommodation, lodging*
altibajos (*m. pl.*), *ups and downs*
aludido, *aforesaid, above-mentioned*
(el) alza (*f*), *rise (in price, temperature etc.)*
ambiente (*m*), *atmosphere, surroundings*
ámbito (*m*), *scope*
amplio, *wide, extensive*
anexo, *attached*
anexos (*m*), *enclosures*
anotar, *to note, to record*
antecedentes (*m. pl.*), *background history*
antelación (*f*), *advance notice*
(de) antemano, *in advance*
anulación (*f*), *cancellation*
anunciar, *to advertise*
anuncio (*m*), *advertisement*
apalabrado, *agreed*
aparato (*m*), *appliance, set, machine*
apartado (*m*), *section*
   apartado de correos, *P.O. Box*
apellido (*m*), *surname*
apertura (*f*), *opening*
archivar, *to file*
archivo (*m*), *file, filing cabinet*
armario (*m*), *cupboard*
artesanía (*f*), *craftsmanship, workmanship, skill*
ascenso (*m*), *promotion (in a job)*
asiento (*m*), *seat; entry in a book*
   hacer un asiento, *to make an entry*

asistencia (f), *attendance*
asistir a, *to attend*
asistentes (m. pl.), *those attending*
asunto (m), *matter, subject*
  asuntos pendientes, *matters pending*
atender a, *to attend to, to pay attention to*
  atender a la correspondencia, *to see to the post*
  atender a visitas, *to look after visitors*
  atender al teléfono, *to see to the 'phone*
aumento (m), *increase, rise*
auricular (m), *telephone receiver*
ausencia (f), *absence*
avance (m), *advance*
  avance de informaciones, *advance information*
aviso (m), *notice, advice, announcement*

B

bancario, *banking (adj.)*
benéfico, *favourable*
bidón (m), *drum (container)*
bienestar (m), *welfare, well-being*
billete (de banco) (m), *(bank)note*
bloc (m), *writing pad*
bolígrafo (m), *biro*
bolsa (f), *stock exchange*
bolsístico, *stock exchange (adj.)*
bombero (m), *fireman*
botón (m), *button*
bruto, *gross*
bursátil, *stock exchange (adj.)*
búsqueda (f), *search*
buzón (m), *postbox*

C

cabina telefónica (f), *telephone box*
caducidad (f), *expiry*
  período de caducidad, *period of maturity, expiry*
calzado (m), *footwear*
cámara (f), *chamber, hall*
  cámara de comercio, *chamber of commerce*
canal (m), *channel*
capacitado, *trained, qualified*
capital (f), *capital (city)* (m), *capital (finance)*
  capital social, *share capital*

carpeta (f), *folder, file*
  carpeta de firma, *signature file*
carecer de, *to lack, to be short of*
cargar, *to charge, to debit*
  cargar en su cuenta, *to debit your account*
cargo (m), *charge, debit*
  hacerse cargo de, *to take charge of*
central de teléfonos (m), *telephone exchange*
cifra (f), *number, figure*
cinta (f), *ribbon, tape*
  cinta mecanográfica, *typewriter ribbon*
  cinta magnetofónica, *recording tape*
citado, *aforementioned*
citar, *to make an appointment*
clasificar, *to sort*
clasificación (f), *classification, sorting*
clausura (f), *closure*
cliché (m), *stencil, skin, plate*
cliente (m or f), *customer, client*
clisé (m), *stencil, skin, plate*
club deportivo (m), *sports club*
cobrar, *to charge, to cash*
código (m), *code*
  código telefónico, *telephone code*
colega (m), *colleague*
colocar, *to place, to put*
comercialización (f), *commercialization, marketing*
comerciante (m), *dealer, merchant*
comodidad (f), *convenience, comfort*
complacerse en, *to be pleased to, to be glad to*
comprobación (f), *check, verification*
comprobar, *to check, to verify*
comprometerse a, *to pledge*
compromiso (m), *obligation, commitment, engagement*
conferencia (f), *conference*
  conferencia telefónica, *telephone call*
confiar en, *to trust, to rely on*
conocimiento de embarque (m), *bill of lading*
conserva de fruta (f), *tinned fruit*
conservación (f), *maintenance, upkeep*
consignación (f), *consignment*
consignar, *to dispatch, to remit*
constar de, *to consist of*
consumir, *to use up*
contabilidad (f), *accountancy*
contable (m), *accountant*
contenedor (m), *container*

117

correo (*m*), *post, mail*
    correo certificado, *registered post*
    a vuelta de correo, *by return of post*
    por correo aparte, *under separate cover*
    Correos (*m*), *General Post Office*
correspondencia (*f*), *correspondence, post*
corresponsal (*m*), *correspondent*
coste (*m*), *cost*
costo (*m*), *cost*
crédito (*m*), *credit*
    crédito irrevocable no confirmado, *unconfirmed irrevocable credit*
cuenta (*f*), *account*
    cuenta bancaria, *bank account*
    cuenta corriente, *current account*
    cuenta a plazo (fijo), *deposit account*
    estado de cuentas, *statement of accounts*
    tener en cuenta, *to bear in mind*
cuero (*m*), *leather*

D

daño (*m*), *damage*
debe (*m*), *debit*
debidamente, *duly*
(a su) debido tiempo, *in due time, when necessary*
deducir, *to deduct*
demanda de (*f*), *demand for*
demora (*f*), *delay*
depósito (*m*), *depot*
derecho (*m*), *due*
    derechos de aduana, *customs duty*
    derechos de comisión, *commission*
descontar, *to discount, to deduct*
descuento (*m*), *discount*
desde luego, *of course*
desempleado, *unemployed*
desfavorable, *unfavourable*
desgastado, *worn out*
desglosar, *to analyse, to break down*
despachar, *to dispatch, to deal with, to transact*
despedida (*f*), *farewell*
despedirse de, *to bid farewell*
desplazamiento (*m*), *journey, move*
desplazarse, *to move, to go, to travel*
destinatario (*m*), *addressee, consignee*
determinado, *certain, particular*
devolución (*f*), *return*
diario (*m*), *daily (newspaper)*
dieta (*f*), *allowance*

dirección (*f*), *address; management*
disco (*m*), *record; dial*
disculpar, *to excuse, to forgive*
disculparse de, *to apologise*
disponer de, *to have, to own, to have available*
disponible, *available*
disposición (*f*), *arrangement, layout*
distinto, *different*
diverso, *different*
domicilio (*m*), *residence, home*
    domicilio social, *head office*
dotes (*f*), *talent, gift, quality*

E

e, *replaces 'y' (and) before words beginning with an 'i' or 'hi'*
economato (*m*), *discount store*
efectivo (*m*), *cash*
efecto (*m*), *bill; document*
    efecto a la vista, *on sight draft*
    efecto de comercio, *document, bill (of exchange)*
eficaz, *efficient*
efímero, *short-lived, fleeting*
ejecutivo (*m*), *executive*
ejemplar (*m*), *copy (of a book)*
embalaje (*m*), *packing, packaging*
embarque (*m*), *shipment*
embotellar, *to bottle*
emisor, *issuing*
empaquetar, *to pack, to package*
empleado (*m*), *employee*
empleo (*m*), *employment*
(ser) emprendedor, *(to be) enterprising, go-ahead*
empresa (*f*), *enterprise, company*
encabezamiento (*m*), *heading*
encaje (*m*), *lace*
encarecer, *to stress*
encargarse de, *to take charge of, to undertake*
enfrentamiento (*m*), *confrontation*
englobar, *to comprehend, to include*
enterarse de, *to find out, to ascertain*
entregar, *to deliver, to hand over*
entrevista (*f*), *interview*
envase (*m*), *container, packing*
envío (*m*), *shipment; remittance*
    hacer el envío de, *to ship, to send off*
epígrafe (*m*), *title, heading*
equipo (*m*), *team*
escopeta (*f*), *shotgun*

estrechar relaciones con, *to strengthen (one's) links with*
etiqueta (f), *label*
existencias (f. pl.), *stock*
  en existencia, *in stock*
éxito (m), *success*
expedidor (m), *issuer, issuing*
expedir, *to despatch, to send, to remit*
exponer, *to display*
exportador (m), *exporter*
extenderse, *to stretch, to extend*

F

fabricante (m), *manufacturer, maker*
fabril, *manufacturing*
facilitar a, *to provide, to arrange*
factura (f), *invoice*
  factura comercial, *commercial invoice*
  factura proforma, *pro forma invoice*
facturación (f), *invoicing*
fallecimiento (m), *death*
fecha (f), *date*
  fecha de entrega, *delivery date*
  fecha de vencimiento, *maturity date, due date*
  quince días fecha, *two weeks after the date*
feria (de muestras) (f), *trade fair*
filtro (m), *filter*
financiación (f), *financing*
financiero (adj.), *financial, finance*
finanzas (f. pl.), *finance*
firma (f), *firm; signature*
fletar, *to charter*
folleto (m), *pamphlet*
fomento (m), *fostering, encouragement; promotion*
fondo (m), *fund*
  fondos públicos, *government bonds*
formulario (m), *form*
franquear, *to stamp*
franqueo (m), *postage*
franquicia postal (f), *exempt from postage, official paid*
(hacer) frente a, *to face*
fructífero, *fruitful*
fuente (f), *source*
fuerza (f), *force, strength*
  fuerza mayor, *force majeure, act of God*
funcionar, *to function, to work*
fundamento (m), *foundation, basis*

G

gama (f), *range*
gasto (m), *expense, cost*
  gastos de expedición o de embarque, *shipping charges*
géneros (m. pl.), *material, merchandise, goods*
  géneros de punto, *knitwear*
gerente (m), *manager*
gestión (f), *proceeding, step, action; management*
girar (una letra), *to draw (a draft or bill)*
  girar en descubierto, *to overdraw*
giro (m), *bill, draft*
  giro bancario, *bank draft*
  giro postal, *money order*
gozar de, *to enjoy*
guía (f), *guide*
  guía telefónica, *telephone directory*
gusto (m), *pleasure*
  tener el gusto de, *to have the pleasure of (doing something)*

H

habitación (f), *(hotel) room*
  habitación doble, *double room*
  habitación individual, *single room*
(el) habla (f), *speech*
  de habla hispánica, *Spanish-speaking*
heredero (m), *heir*
hermético, *air-tight*
hoja (f), *page, sheet, leaf*
hombre de negocios (m), *businessman*
horario (m), *time-table*
horas extraordinarias (f. pl.), *overtime*
huelga (f), *strike*

I

idóneo, *appropriate*
impermeabilizado, *made waterproof*
importador (m), *importer*
importe (m), *price, cost, amount*
imprenta (f), *printing*
imprescindible, *essential, indispensable*
impreso (m), *(printed) form; (adj.) printed*
impresos (m. pl.), *printed matter*
imprimir, *to print*
impuesto(s) (m), *tax(es)*
inauguración (f), *opening*
inestabilidad (f), *instability*
informe (m), *report*

ingresar, *to pay in*
ingreso(s) (*m*), *earning(s), receipt(s)*
intermediario (*m*), *middleman*
interrumpir, *to interrupt*
interurbano, *inter city*
  conferencia interurbana,
   long-distance 'phone call
introducir, *to insert*

J

jefe (*m*), *head, boss, manager, chief*
  jefe contable, *chief accountant*
  jefe de personal, *personnel manager*
jornada (*f*), *day's work*
jornal (*m*), *day's wages*
juego (*m*), *set*
justificante (*m*), *voucher*

L

lamentar, *to regret*
lanzar, *to launch*
  lanzar al mercado, *to put on sale*
largo, *long*
  a lo largo de, *along, throughout*
lata (*f*), *tin*
lazo (*m*), *link*
lavadora (*f*), *washing machine*
lencería (*f*), *linen*
letra (*f*), *bill, draft*
  letra a la vista, *sight draft*
  letra de cambio, *bill of exchange*
  librar una letra, *to draw a bill*
libreta de ahorros, *savings bank book*
libro contable (*m*), *account book*
licenciatura (*f*), (*university*) *degree*
ligeramente, *slightly*
liquidación (*f*), *settlement, liquidation*
(estar) listo, *to be ready*
locomotora (*f*), *locomotive*
locutorio (*m*), *telephone box*
lonja de comercio (*f*), *commodity
  exchange*
lugar (*m*), *place*
  tener lugar, *to take place*

M

magnetofón (*m*), *tape recorder*
manejo (*m*), *handling*
manifestar, *to make known, to declare*
mano de obra (*f*), *labour force,
  manpower*
mantenimiento (*m*), *maintenance*

máquina (*f*), *machine*
  (máquina) fotocopiadora,
  photocopier
  (máquina) calculadora, *calculator*
  (máquina) lavadora, *washing
  machine*
  (máquina) multicopista, *duplicator*
  máquina de escribir, *typewriter*
marca (*f*), *brand*
marcar, *to dial* (*telephone*)
materias primas (*f. pl.*), *raw materials*
matriz (*f*), *stencil, stub, counterfoil*
mayúscula (*f*), *capital* (*letter*)
mecanógrafa (*f*), *typist*
mecanografía (*f*), *typing*
mecanografiar, *to type*
(a) mediados de, *in the middle of*
  (*month*)
mejorar, *to improve*
membrete (*m*), *letterhead*
mensaje (*m*), *message*
mensualidad (*f*), *monthly payment*
mercancías (*f*), *goods*
mercantil, *commercial, mercantile*
mercería (*f*), *haberdashery*
merecer, *to deserve, to merit, to be
  worthy*
metálico (*m*), *cash;* (*adj.*) *metal*
mobiliario (*m*), *furniture*
moda (*f*), *fashion, style*
moneda (*f*), *currency, coin*
  moneda de curso legal, *legal tender*
montaje (de una exposición) (*m*),
  setting up, mounting, assembly
montar, *to mount, to set up*
muestra (*f*), *sample*
  muestra sin valor, *sample without
  value*
muñeca (*f*), *doll*

N

(ser) natural de, *to be a native of*
naturaleza (*f*), *nature*
(de la) noche a la mañana, *overnight,
  suddenly*
norma (*f*), *norm, standard*

O

obligación (*f*), *debenture, bond,
  liability, debt*
obrero (*m*), *worker, labourer*
ocuparse de, *to look after, to take charge
  of*

oferta (f), *offer*
  oferta y demanda, *supply and demand*
oración (f), *clause, phrase*
orden (m), *order*, (f) *order (comm.)*
  orden del día, *order of the day, agenda*
  por orden alfabético, *in alphabetical order*
organismo (m), *organisation, body*
ortografía (f), *spelling*

P

paga (f), *pay, salary*
  paga extraordinaria, *bonus pay, overtime*
pagadero, *payable*
pago (m), *payment*
  pago al contado, *cash payment*
  pagos aplazados, *payment by installments*
paro forzoso (m), *unemployment*
paquete (m), *parcel*
participación (f), *share, interest*
  participación del mercado, *share in the market*
particular, *private, particular*
partida (f), *consignment*
paso (m), *step*
patrocinar, *to sponsor*
patrono (m), *patron, sponsor, employer*
pedido (m), *order*
  pedido de ensayo, *trial order*
  pedido de entrada, *trial order*
  pedido en firme, *firm order*
  pasar un pedido, *to place an order*
  servir un pedido, *to attend to an order*
pendiente, *pending, outstanding*
  pendiente de pago, *payment outstanding, unpaid*
pernoctar, *to spend the night*
personal (m), *personnel*
peso (m), *weight; unit of currency common in Latin America*
petición (f), *request*
pienso (m), *feed, fodder*
plano (m), *map, street-plan*
plaza (f), *place*
  plaza de tren, *place or seat on a train*
plazo (m), *term, period, time limit*
  plazo de entrega, *delivery date*
  a largo plazo, *long-term*
  a corto plazo, *short-term*
plegar, *to fold*

pluriempleo (m), *having numerous jobs*
plusvalía (f), *goodwill*
política (f), *policy*
póliza (f), *(insurance) policy*
ponerse en contacto con, *to contact*
por supuesto, *of course*
por tanto, *thus, as a result*
portátil, *portable*
precio (m), *price*
precisar, *to need, to require*
(ser) preciso, *to be necessary*
premiar, *to reward*
preparación (f), *training*
presenciar, *to witness, to attend*
presidente (m), *chairman*
prestamista (m), *moneylender*
préstamo (m), *loan*
prestar, *to lend*
  prestar servicos, *to give one's services*
previo, *previous, prior; after, subject to*
  previo acuerdo del Consejo, *subject to the Board's agreement*
prima (f), *premium; bonus*
  prima de producción, *production bonus*
  prima de rendimiento, *output bonus*
primordial, *essential, fundamental*
procedimiento (m), *process*
propaganda (f), *advertising*
proporcionar, *to supply*
proveedor (m), *supplier*
(estar) provisto de, *to be supplied with*
puente (m), *bridge*
puesto que, *since*
pulcritud (f), *neatness, tidiness*
(a) punto, *ready*
  tener a punto, *to have ready*

Q

quedar, *to remain*
  quedar por hacer, *yet to be done*

R

ramo (m), *sector, line, field*
ranura (f), *slot*
en razón de, *because of*
realizar, *to accomplish, to realise or sell*
reanudar, *to recommence*
recibo (m), *receipt*
reclamar, *to claim, to demand, to complain*
reclamación (f), *claim*
recordar a, *to remind*

recorte de un periódico (*m*), *press cutting*

recurrir a, *to have recourse to, to resort to*

recursos (*m. pl.*), *resources*

red (*f*), *network*

redacción (*f*), *drafting, setting out*

redactar, *to draft*

reembolso (*m*), *refund*
   contra reembolso, *against payment, C.O.D.*

registrar, *to record, to register*

registro (*m*), *record, file, register*

en regla, *in order, correct*

reglamento (*m*), *regulation*

reivindicación (*f*), *claim (ie. pay claim)*

rellenar, *to fill in (form)*

remesa (*f*), *shipment, consignment; remittance*

remitente (*m*), *sender*

remitir, *to send, to ship, to remit*

rendimiento (*m*), *output, yield, return*
   a pleno rendimiento, *at full production*

rentable, *profitable*

reparto (*m*), *delivery*

repercutir, *to rebound*

reponer, *to replace, to replenish*

reposición (*f*), *replenishment*

representante (*m*), *representative*

reseñado, *described, mentioned*

reserva (*f*), *reservation*

reservado, *confidential*

resolver, *to resolve*

al respecto, *with regard to the matter under discussion*

por lo que respecta, *as regards ...*

respuesta (*f*), *reply*

retraso (*m*), *delay*

reunión (*f*), *meeting*
   sala de reunión, *conference or meeting hall*
   celebrar una reunión, *to hold a meeting*

riesgo (*m*), *risk*

rogar, *to ask, to request*

rumorearse, *to be rumoured that ...*

S

salario (*m*), *wages, salary*
   salario básico *o* base, *basic salary*
   salario bruto, *gross salary*
   salario mensual, *monthly salary*
   salario neto, *net salary*

saldo (*m*), *balance*

salida (*f*), *departure*
   dar salida a, *to find an outlet for*

salón (*m*), *hall*

saludo (*m*), *greeting*

salvo, *except for, barring*
   salvo error u omisión, *errors and omissions excepted*

sede social (*f*), *head office*

seguro (*m*), *insurance*
   primas de seguro, *insurance premiums*

sello (de correo) (*m*), *(postage) stamp*

señalar, *to fix or set a date*

señas (*f. pl.*), *address*

servir, *to serve, to supply*
   servir de, *to act as*

sobrar, *to have over or in excess*

sobre (*m*), *envelope*

sobremanera, *very much, extremely*

socio (*m*), *partner, member*

solicitar, *to request, to apply for*

solicitud (*f*), *application*

subida (*f*), *rise*

subvención (*f*), *subsidy, grant*

sucursal (*f*), *branch*

sueldo (*m*), *wage, salary*

suma (*f*), *sum, amount*

sumamente, *extremely, highly*

sumo, *great*
   sumo placer, *great pleasure*

T

talón (*m*), *stub, coupon*
   talón justificante, *voucher*

tapón (*m*), *cork, bung*

taquigrafía (*f*), *shorthand*

taquimecanógrafa (*f*), *shorthand-typist*

taquilla (*f*), *ticket window, ticket office, booking office*

tarea (*f*), *task*

tarifa (*f*), *tariff, cost, fare*

tasa (*f*), *rate*
   tasa de interés, *rate of interest*

tecla (*f*), *key (on a typewriter)*

teclado (*m*), *keyboard*

técnica (*f*), *technique*

teleimpresor (*m*), *teleprinter*

tema (*m*), *theme*

temporada (*f*), *time, period, season*
   trabajo de temporada, *seasonal work*

temporal, *temporary*

tipo (*m*), *rate*
   tipo bancario, *bank rate*

tirada (f), *print-off, edition*
tonelada (f), *ton*
    tonelada métrica, *metric ton*
tono (m), *tone*
tope (m), *end, maximum, limit*
trámite (m), *step, stage; transaction*
trámites (m. pl.), *procedures*
transferencia (f), *transfer*
tribunal (supremo) (m), *(High) Court*
trimestre (m), *term, quarter*
trimestral, *quarterly*

U

u, *replaces o (or) before words*
    beginning with o or ho
ubicación (f), *location, situation*
ultimar, *to conclude, to complete*
unidad (f), *unit, item*
ultramar (m), *overseas*
    servicio de ultramar, *foreign or*
    overseas service

V

vagón (m), *(railway) truck, coach, car*

valores (m. pl.), *securities, assets, bonds*
    valores públicos, *public securities*
    valores de renta fija, *fixed-income*
    securities
    valores de renta variable, *common*
    stocks
vencer, *to mature, to expire*
vencimiento (m), *maturity, maturity*
    date, expiration
vestuario (m), *clothing*
viajante (m), *traveller, travelling*
    salesman
viaje de negocios (m), *business trip*
violento, *awkward, embarrassing*
(con) vistas a, *with the aim of*
(con el) visto bueno de, *with the*
    approval of
vuelo (m), *flight*
volante (m), *note*
a vuelta de correo, *by return of post*

Z

zumbido (m), *buzz, hum*
zona (f), *zone, district, area*
    puerto de zona franca, *free port zone*

Inglés – Español

A

above, *arriba, más arriba*
above-mentioned, *citado más arriba*
to be abroad, *estar en el extranjero*
to go abroad, *ir al extranjero*
account, *la cuenta,* (invoice) *la factura*
   joint account, *la cuenta indistinta*
   to render/send an account, *pasar factura*
   to settle an account, *liquidar una cuenta*
accountancy, *la contabilidad*
accountant, *el contable*
to be acquainted with, *conocer*
to acquire, *adquirir, obtener, conseguir*
advertisement, *el anuncio*
agent, *el agente, el representante, el delegado*
a week ago, *hace una semana*
to agree, *acordar, aprobar, ponerse o estar de acuerdo*
agreement, *el acuerdo*
agricultural, *agrícola*
album, *el álbum*
amount, *la cantidad, la suma, el importe*
to amount to, *ascender a, sumar*
to anticipate, *prever, esperar, contar con*
to apologise, *disculparse, presentar disculpas, pedir perdón*
appearance, *la aparición*
area, *la zona, el área, la región, el distrito*
armchair, *el sillón*
arrangements, *los planes, los preparativos*
to arrive at/in, *llegar a*
assets, *el capital activo*
   fixed assets, *el capital fijo, el inmovilizado*
to assume, *asumir, hacerse cargo*
to assure, *asegurar, garantizar*
to attach, *adjuntar, acompañar*
available, *disponible,*
to be available (a person), *estar libre*

B

background information, *los antecedentes*
bilingual, *bilingüe*
bill of exchange, *la letra de cambio*

bill of lading, *el conocimiento de embarque*
block, *el bloque*
   block of offices, *manzana de oficinas, bloque de oficinas* (en Hispanoamérica, *cuadra de oficinas*)
   block letters, *letras mayúsculas, letras de imprenta*
board of directors, *el consejo de administración, la junta directiva*
   member of the board of directors, *el vocal del consejo de administración*
   half/full board, *la media pensión, la pensión completa*
to book seats, *reservar plazas, reserva de plazas*
booklet, *el folleto*
branch, *la sucursal*
to bring together, *reunir*
brochure, *el folleto*
budget, *el presupuesto*
building, *el edificio, la construcción*
business, *el comercio, los negocios, la empresa, el oficio, la ocupación*

C

to cancel, *anular, cancelar*
carriage, *el transporte*
   (of typewriter) *el carro*
   carriage paid, *a porte pagado*
cash, *el* (dinero) *efectivo*
to cash, *cobrar, hacer efectivo*
   cash on delivery, *pago a reembolso o pago contra reembolso, pago al recibo* (de las mercancías)
   cash payment, *pago al contado*
catalogue, *el catálogo*
chair, *la silla*
Chamber of Commerce, *la Cámara de Comercio*
colour chart, *la tabla de colores*
cheque, *el cheque*
choice, *la elección, la selección, el surtido*
clothing, *la ropa, el vestido,* (article of c.) *la prenda de vestir*
colleague, *el colega*
to collect, *recoger, retirar,* (money) *cobrar*

collection, *la recogida*
to command, *dominar*
to commit, *comprometerse*
company, *la compañía*
to complain, *quejarse (de)*
complaint, *la reclamación, la queja*
to computerise, *programar*
concern, (firm) *la empresa*, (worry) *la preocupación*
condition, *la condición*
conference, *la conferencia*
confidence, *la confianza*
to consider, *considerar, estudiar*
consignment, *la consignación, el envío, la remesa*
construction, *la construcción*
contact, *el contacto, la relación*
contract, *el contrato*
copy, *el ejemplar, la copia*
cosmetic, *el cosmético*
cost, *el precio, el coste*
   rising cost, *el coste creciente, la subida constante del precio*
courier, *el guía de turismo*
to cover, *cubrir, saldar*
   under separate cover, *por correo aparte, por separado*
crate, *el cajón o jaula de embalaje*
current, *actual, corriente*
custom, *la costumbre*, (comm.) *la clientela, la parroquia*
customs, *la aduana, los derechos de aduana*
customer, *el cliente*

D

damage, *el daño, el perjuicio*
to damage, *dañar*
date, *la fecha*
   agreed date, *la fecha acordada o convenida*
   earlier date, *la fecha anterior*
   earliest possible date, *la fecha más inmediata posible*
deal, *la transacción, el negocio, la relación, el trato, el pacto, el convenio*
to deal, *tener relaciones con, tratar en, comerciar en*
B.A. Degree (Accountancy), *Licenciado en Ciencias rama de Contabilidad*
delay, *la demora, el retraso*
delegate, *el delegado*
to deliver, *entregar, repartir*

delivery, *la entrega, el reparto*
   delivery date, *la fecha de entrega*
desk, *la mesa, el escritorio*
to design, *diseñar*
detail, *el detalle, el pormenor*
to develop, *desarrollar*
director, *el director*
   managing-director, *el director gerente*
discussion, *la discusión*
dispatch, *el envío, la consignación, el despacho*
to dispatch, *enviar, remitir, consignar, despachar, expedir*
to dock, *atracar, arribar*
document, *el documento*
dollar, *el dólar*
to draft, *redactar, preparar, hacer un borrador*
to draw attention to, *llamar la atención sobre*
to draw up, *radactar*
duplicate, *el duplicado, la copia*

E

each, *cada (uno)*
electric, *eléctrico*
electricity, *electricidad*
to enclose, *adjuntar, acompañar, remitir adjunto*
enquiry, *la petición de informes*
to enquire, *pedir informes, preguntar*
error, *el error, la equivocación*
estimate, *el presupuesto*
to estimate, *calcular*
to examine, *estudiar, examinar, pensar*
executive, *el ejecutivo*
experience, *la experiencia*
experienced, *experimentado, experto, perito*
to extend, *extender, prolongar, alargar, ampliar*

F

fabric, *el tejido, la tela*
facilities, *los servicios, las facilidades, las amenidades*
factory, *la fábrica*
fault, *el defecto, la imperfección*; (mech.) *la avería*
few, *pocos*
   next few days, *los próximos días*
field, *la esfera, la (rama de) actividad*
to file, *archivar, clasificar*

filing cabinet, *el archivo, el fichero*
fine, *delicado, fino*
fire, *el incendio, el fuego*
fluent, *fluido, fácil*
formal, *formal, oficial*
to forward, *enviar, expedir, reexpedir*
freight, *el flete*
to furnish, *amueblar*
to furnish us with, *suministrarnos, proporcionarnos, facilitarnos*
furniture, *el mobiliario, los muebles*

G

glassware, *la cristalería, los artículos de vidrio*
grateful, *agradecido, reconocido*
to grant a discount, *conceder o dar un descuento*
growing, *creciente*
goods, *las mercancías, los géneros, los artículos, los bienes*
to guarantee, *garantizar, responder de, asegurar*

H

to handle, *manejar, comerciar en*
helpful, *útil, provechoso*
to hold up, *interrumpir, parar, suspender*
to hope, *esperar, confiar*

I

importer, *el importador*
to include, *incluir, adjuntar, enviar adjunto*
inclusive, *completo, comprendido, incluido*
inclusive of all charges, *todo incluido*
incorrect, *erróneo, inexacto, incorrecto*
increase, *el aumento, la subida, el alza*
to inform, *informar, avisar, comunicar, participar*
to inspect, *examinar, inspeccionar*
to install, *instalar, colocar*
insurance, *el seguro*
interest, *el interés, el beneficio, el rédito*
to introduce, *introducir, presentar, dar a conocer*
invoice, *la factura*

J

job, *el empleo, el puesto de trabajo*
journey, *el viaje*
outward journey, *el viaje de ida*
return journey, *el viaje de vuelta*

K

key (of a typewriter), *la tecla*
key-board, *el teclado*
knowledge, *el conocimiento*

L

labour, *la mano de obra; el trabajo, la labor, la faena, la tarea*
leaflet, *el folleto, el prospecto*
leather, *el cuero, la piel*
line, *el producto, el género, el surtido de géneros*
link, *la conexión, el enlace, la relación, el vínculo*
locomotive, *la locomotora, la máquina*
to look forward to hearing from (you), *en espera de (sus) prontas noticias*

M

machinery, *la maquinaria*
to maintain, *mantener, conservar*
management, *la gerencia, la dirección, la gestión*
manager, *el gerente, el director, el administrador, el encargado, el agente*
managing director, *el director gerente*
manufacture, *la fabricación, la manufactura, el producto*
to manufacture, *fabricar, manufacturar, producir*
manufacturing, *fabril*
market, *el mercado*
to market, *vender, poner a la venta, lanzar al mercado, comercializar*
matter, *el asunto, el tema, la cuestión*
meantime, *mientras tanto, entretanto*
to measure, *medir*
member, *el miembro, el socio, el vocal*
method, *el método, el sistema, el procedimiento*
moreover, *además, por otra parte*
motor, *el motor*
to move, *mudarse, trasladarse, cambiar*

N

name, *el nombre, la reputación, la fama*
to need, *necesitar, faltar*
network, *la red*
to note, *notar, observar, prestar
atención*

O

to occur (happen), *suceder*
office, *la oficina, el despacho*
head-office, *la (oficina) central*
order, *el pedido, la orden, el encargo*
outlet, *la salida, el mercado*
overdue account, *la cuenta vencida*
to overlook, *pasar por alto, olvidar*
overtime, *las horas extraordinarias*

P

to pack, *empaquetar, envasar, enlatar*
paging system, *el sistema de llamada*
pamphlet, *el folleto*
parcel, *el paquete*
particulars, *los detalles, los pormenores,
los datos*
payment, *el pago, la remuneración, la
retribución*
period, *el plazo, el período*
to be pleased, *ser grato, tener el gusto,
alegrarse*
plot of land, *la parcela, el terreno, el
solar*
to point out, *indicar, señalar*
portable, *portátil*
possible, *posible*
as soon as possible, *tan pronto como
sea posible*
if possible, *si (ello) es posible*
post, *el empleo, el cargo, el puesto*
P.O. Box, *apartado (de Correos)*
to post, *echar al buzón o al correo*
by return of post, *a vuelta de correo*
potential, *futuro, en potencia*
to prefer, *preferir*
premises, *el local, la tienda, el
establecimiento*
at present, *actual, corriente, presente*
price, *el precio*
to print, *imprimir*
out of print, *agotado*
to produce, *producir, fabricar*
product, *el producto*
profit, *la ganancia, el beneficio*

to promote, *dar publicidad, fomentar,
aumentar (las ventas)*
promptly, *puntualmente, rápidamente,
con prontitud*
property, *la propiedad, la finca*
proposal, *la oferta, la propuesta, la
proposición*
to protect, *proteger*
to publish, *publicar*

Q

qualifications, *los títulos, los requisitos,
la capacitación*
quality, *la calidad*
query, *la pregunta, la duda*
quotation, *la cotización, el precio*

R

range, *el surtido, la gama*
rate, *el precio, la tasa, la tarifa*
to reach, *llegar (a)*
reading (Law), *estar haciendo la carrera
(de Derecho) ser estudiante (de
Derecho) estar estudiando (para
abogado)*
to receive, *recibir;* (money) *cobrar,
percibir*
to recommend, *recomendar*
referee, *el recomendante, la persona que
da una referencia o recomendación*
regarding, *por lo que se refiere a, en
cuanto a*
to register, *registrar*
registered post, *correo certificado*
to regret, *sentir, lamentar*
to reinforce, *reforzar*
reliable, *digno de crédito, digno de
confianza, formal, serio*
to remind, *recordar*
remittance, *la remesa, el envío*
replacement, *el repuesto;* (person) *el
sustituto, el suplente*
to reply, *contestar, responder*
representative, *el representante, el
agente, el apoderado*
to request, *pedir, solicitar*
to require, *necesitar, pedir, requerir*
to be responsible, *estar a cargo*
to return (something), *devolver*
room, *la habitación*
double room, *la habitación doble*
single room, *la habitación individual*

S

to sail, *zarpar, salir, partir*
sale, *la venta*
sample, *la muestra*
to schedule, *fijar la hora (de), establecer el horario (de)*
to send, *enviar, mandar, despachar, remitir*
serious, *grave, serio*
service, *el servicio*
set, *el juego, la serie, la colección*
to settle, *saldar, liquidar*
share, *la participación,* (Stock Exchange) *la acción*
to share, *competir*
ship, *el buque, el barco, el navío*
to ship, *embarcar, transportar por vía marítima*
  steam ship, *el (buque de) vapor*
shipment, *el embarque;* (in general) *el transporte, el envío, la remesa*
shorthand, *la taquigrafía*
to sign, *firmar*
speed, *la velocidad*
to spread, *extender, esparcir*
staff, *el personal, la plantilla*
stamp, *el sello*
standard, *la norma, el modelo, normal, corriente*
standing, *la posición, la situación, la reputación, la importancia*
to state, *hacer constar, manifestar, exponer, indicar*
stock, *las existencias, el surtido, la provisión*
to stretch, *forzar, exigir esfuerzo*
strict, *estricto, riguroso*
subject, *sujeto*
success, *el éxito, el triunfo, la prosperidad*
sum, *la suma, la cantidad, el total*
to supply, *suministrar, proporcionar, surtir*
system, *el sistema*

T

taste, *el gusto*
telegram, *el telegrama*
term, *el plazo*
terms, *las condiciones*
  technical terms, *términos técnicos*
toiletries, *los artículos de tocador, los artículos de limpieza*
tool, *la herramienta, el utensilio*
tools, *los útiles, el utillaje*
  machine tools, *la máquina herramienta*
trade, *el comercio, el negocio*
transaction, *el negocio, la transacción, la operación*
trip, *el viaje, la excursión*
  business trip, *el viaje de negocios*
trustworthy, *honrado, formal, de confianza*
type, *el tipo, el modelo*
to type, *mecanografiar, escribir a máquina*
typewriter, *la máquina de escribir*

U

unfortunately, *desgraciadamente, por desgracia*
unwanted, *no deseado, innecesario, superfluo*
urgent, *urgente*
to use, *usar, utilizar, emplear, manejar*
useful, *útil, provechoso*

V

value, *el valor, la estimación*
variety, *diversidad, variedad*
various, *diversos, varios*

W

wages, *el salario, el jornal*
one-way, *una dirección, dirección única*
to weigh, *pesar*
weight, *el peso*
  gross weight, *el peso bruto*
whole, *en total*
to withdraw, *retirar*
work, *el trabajo, el empleo, la ocupación*
works, *la fábrica, los talleres*
workshop, *el taller*